KB096853

이런 학과 요런 직업

이런 학과 요런 직업

펴 낸 날/ 초판1쇄 2023년 8월 8일
지 은 이/ 조설아

펴 낸 곳/ 도서출판 기역
편 집/ 책마을해리
출판등록/ 2010년 8월 2일(제313-2010-236)
주 소/ 전북 고창군 해리면 월봉성산길 88 책마을해리
경기도 파주시 회동길 363-8 출판도시
문 의/ (대표전화)070-4175-0914, (전송)070-4209-1709

ISBN 979-11-91199-70-3 43330

중하위권 학생을 위한 삶기술 전문가 진로 직업 길잡이

이런 학과 요런 직업

조설아 지음

ㄱ

꼭 공부를 잘해야만 하나요?

올해 아들이 초등학교에 입학했습니다. 지인들은 이제부터 '본격적인 대입의 시작'이라며 여러 가지 정보를 주기 시작했습니다. 수학은 이렇게, 영어는 저렇게, 학습지는 이거, 학원은 저곳. 어떻게 보면 정말 금과옥조와 같은 정보였습니다.

저 역시 초등학교에 갓 들어간 아이를 붙들고 저녁마다 매일 조금씩 초등학교 국어와 수학 문제집을 풀게 했습니다. 물론 제가 곁에서 지도하지요. 마음 한구석에서는 졸려 하는 아이를 안쓰러워하면서도 남들에 비하면 적게 공부하는 것이라고 생각했지요. 아이가 조금이라도 실수하면 겉으로 내색은 안 해도 '아, 이러다가 '수포자' 되는 거 아냐' 걱정도 하면서.

그런데 어느 순간 '무엇을 위해 아이를 내몰고(?) 있지?'라는 생각을 했습니다. 졸린 눈을 비비면서 앉아 있는 아이의 얼굴을 찬찬히 들여다보았습니다. 고등학교에서 진로상담교사로 근무하며 '아이가 원하는 것을 하게 하는 것이 가장 좋은 것'이라고 주장하면서도 속으론 '결국엔 공부 잘하는 게 우선'

이라고 생각하는 이율배반. 진로교사라는 저 자신조차 애가 뭘 원하는지는 나중에 생각하고 '공부부터 잘하고 보자! 공부를 잘하면 기회는 온다'라는 밑도 끝도 없는(?) 안일한 생각을 하고 있었던 것입니다.

솔직히 말하면 아이가 공부를 잘하기를 원합니다. 그런데 무엇 때문에 공부를 잘해야 할까요? 많은 사람들이 공부를 잘하고 시험성적이 좋으면 선택권이 넓어진다고 단순하게 결론을 내립니다. 저 역시 그랬습니다. 그럼 반대로 생각해봅시다. 공부를 못하고 시험성적이 나쁘면 선택권이 줄어들거나 없어지는 걸까요? 공부를 왜 잘하기를 바라는 걸까요? 내신등급 잘 받고 수능성적이 높기를 바라는 이유가 뭘까요? 무엇보다 제가 아들이 공부를 잘하기를 진짜 원하는 걸까요?

생각이 꼬리에 꼬리를 물었습니다. 차분하게 며칠간 생각을 했습니다. '나는 우리 아들이 어떤 삶을 살기를 원하는가?' 정리한 것은 다음과 같습니다.

1. 일단 아들이 **건강하고 행복하게 살기**를 원합니다.
2. 학교와 책, 세상 경험을 통해 **호기심을 갖고 지식을 쌓는 것을 즐겨하기**를 바랍니다(단순히 시험을 잘 보기 위한 공부를 하기를 원하지 않습니다).
3. **넓은 세상에서 넓은 시각을 갖고 살기**를 바랍니다.

제 아들뿐만 아니라 우리 학생들도 위와 같이 살기를 소망합니다. 그렇습니다. 위와 같은 삶을 살기 위해 반드시 내신등급을 올려야 하고 수능성적을 높여야 하는 것은 아닙니다. 학교에서 내신등급이 낮은 학생들이 위축되어 있고, 소위 말하는 서열이 높은 대학에 가기 위해 고군분투하는 것을 보며

내심 안타까웠습니다. 누군가 그러더군요. '아인슈타인이 될 아이를 베컴으로 만들지 말라, 베컴으로 클 아이를 아인슈타인을 만들지 말라.' 그러나 우리 교육 현실은 아인슈타인도 베컴도 키우지 못하고 모두 1등급 성적의 사람만을 키우는 현장이 되고 말았습니다.

지금이라도 모두 가슴에 손을 얹고 질문해야 합니다.

'무엇을 위해? 도대체 무엇을 위해 내달리고 있는가?'

저 역시 현실과 타협하고 학생들(아들)에게 그저 맹목적으로 내신등급 올리는 데 집착하라고 말할 수 있습니다. 내신등급을 수단으로 하여 소위 말하는 명문대 진학이 최우선이라고 몰이(?)를 할 수 있습니다. 그러나 명문대에 진학한다고 모든 것이 끝이 나는 게 아니라는 걸 실제 명문대에 진학한 학생들이 증언하더라구요. 인생의 목표를 오로지 1등급, 혹은 명문대, 혹은 스카이(서울대, 고려대, 연세대)라고 세우고 목표를 달성했지만, 삶의 고민이 싹 사라지지 않았기 때문입니다. 저 역시 20여 년 전 임용고시 하나만을 위해 공부하였습니다. 어떤 교사가 되어야겠다, 어떤 인생을 살아야겠다는 로드맵을 그리지 못한 채 오로지 시험 합격만을 위해 살았습니다. 그런데 실제 합격하고 나서 딱 30분 기분 좋았습니다. 막상 교사가 된 이후 엄청 행복하지 않았습니다. 합격 이후 삶에 대해서는 단 한번도 구체적으로 생각해보지 않았기 때문입니다. 심지어 교사가 된 이후에도 진로에 대한 고민을 계속했습니다. 정말이지 인생에서 진로에 대한 고민은 끝이 없더군요.

여러분, 만약 여러분이 명문대학교에 합격한다면 열심히 공부를 한(더불어

운이 좋았던) 자기자신을 칭찬해주십시오. 그러나 그 이름값으로 인생이 탄탄대로가 되고 행복의 꽃길이 펼쳐지는 게 아니라는 걸 인식해야 합니다. 반대로 명문대학이 아닌 곳에 갔다고 해서 기죽을 필요 없습니다. 명문대학이든 명문대학이 아니든 그곳을 선택하고 진학할 때의 마음가짐이 중요합니다. 중요한 것은 자신의 삶에 대한 자기주도력과 능동성입니다. 그런데 등급이 낮은 학생들은 공부를 못한다는 낙인이 찍혀(스스로 찍기도 하구요) 수동적으로 생활하는 경우가 많습니다. 단순히 시험성적이 낮을 뿐인데 선택권이 거세된 것처럼 행동하기도 합니다(선택권을 제한하는 어른들이 있기도 합니다. 학생들이 일종의 가스라이팅 당하는 것일지도 모르겠습니다).

일단 기성세대 교사로서 사과의 말을 먼저 하겠습니다. 미안해요. 우리나라의 교육문화가 많은 부분 입시와 연관되고 대학 서열화에 집중되다 보니 시험성적이 낮은 학생들은 자연스럽게 (아무도 지적하지 않더라도) 움츠러들고, 뭘 해보겠다고 말하면 '공부나 하라'고 무시당한 적도 있을 것입니다. 여러분은 공부를 못하는 게 아닙니다. 단순히 학교 내신성적이 낮을 뿐입니다. 세상에 공부가 고등학교 과목 공부만 있나요? 미용사가 되기 위해 관련 지식을 쌓고 실기 연습하는 것도 공부입니다. 러시아어를 배우는 것도 공부입니다. 영상 편집기술을 배우는 것도 소설 쓰는 법을 배우는 것도 다 공부입니다. 이제부터는 공부를 못한다는 말을 하지 마세요. 학교 내신성적이 낮을 뿐입니다. 만약 여러분이 좋아하고 원하는 분야에서 공부를 시작한다면 여러분은 멋진 전문가가 될 수 있습니다.

괄목할만한 교육현장의 변화는 학생들이 자기주도적으로 능동적으로 진로를 설계하기를 요구하는 고교학점제의 도입입니다. 고교학점제의 핵심은

과목선택이고, 과목선택은 자신의 진로진학 계획에 맞추는 것입니다. 현장에서 지켜본바 중하위권 성적의 학생들이 과목 선택할 때 가장 힘들어하는 이유는 사실 뚜렷한 진로를 결정하지 않았기 때문입니다. 상위권 학생들은 어릴 때부터 공부를 잘했기 때문에 어느 정도 자신감이 붙은 상황에서 자기주도적으로 선택하는 경향이 높습니다. 중하위권 학생들은 '그냥 대학 간판이나 따자', '성적 오른 다음에는 어떻게든 되겠지'라는 안일한 태도로 생활하고 있습니다. 게다가 고등학교 진로시간이 주당 1시간 정도로 배정되어 있어 폭넓은 학과 및 직업 탐색을 하기에는 역부족인 경우가 있습니다. 여러모로 중하위권 학생들이 힘든 상황입니다.

고등학교에 근무하면서 중하위권 학생들을 위한 학과와 직업에 대한 정보가 절대적으로 부족하다는 것을 알게 되었습니다. 아무 대책 없이 3학년에 진급한 후 담임선생님이 수시원서 어디 쓸지 생각해오라고 했을 때 많은 학생은 멍한 상태가 되어버립니다. '성적도 낮은데 내가 갈 곳이 있을까?', '그냥저냥한 대학에 가야 할까?', '난 왜 이렇게 공부를 못할까?'라는 복잡한 심경에 처한 채로 말입니다. 그러나 꼭 상위권 성적이 아니어도 전문가로 성장할 수 있는 좋은 학과들이 많습니다(실제로 상담할 때 학과와 직업 정보에 대한 갈급증을 갖고 있고 현실적인 상황을 알고 싶어하는 학생들에게 여기 책에 소개된 학과를 소개해주었을 때 굉장히 좋아하기도 하였고 이런 정보는 처음이라며 놀라워하기도 했습니다).

왜 이렇게 대다수를 차지하는 중하위권 학생들은 진학 지도 현장에서 소외되었을까. 다수결이 최적의 원칙이라는 사회에서 유독 입시지도 현장에서 다수가 소외되는 이유는 무엇일까요. 때마침 최근 이 책을 펴내기로 결정하면서 기사를 검색하다가 저와 같은 생각을 갖고 있는, 하지만 더 훌륭하신 교사분이 있는 것을 알게 되었습니다.

소외된 중하위권 학생들 진로진학 지도해나갈 것

"고등학교 현장에서의 진로진학 지도는 일반대학, 그중에서도 명문대학 중심으로 이뤄진다. 중위권 이하 학생들은 진로진학 지도에서 소외돼 있다. '너희가 알아서 하라'고 방치되고 외면받았던 게 사실이다. 이제는 이들과 같이 교육에서 소외받고 있는 학생들을 위한 자기 흥미와 적성에 맞는 진로진학 지도가 필요할 때다."(중략)

안 센터장은 "실제 고등학교 현장에서 진로진학 지도를 해보면 중위권 이하 학생들은 자신감은 물론 자존감까지 낮아져 자신의 진로에 대한 고민을 방치하고 있다"면서 "사실 중위권 이하 학생일수록 자신이 무엇을 하고 싶은지 진로에 대한 고민이 많이 필요하다"고 설명했다.

- 안연근 한국전문대학교육협회 진로진학지원센터장, 한국대학신문, 2018. 03. 21. 인터뷰 기사 중에서(https://news.unn.net/news/articleView.html?idxno=186979).

맞습니다. 이제 중하위권 학생들의 맞춤형 진로진학 지도가 필요합니다. 일선에서 진로교사들이 애쓰고 계시지만 한 명의 진로교사가 다수의 학생 맞춤형 지도를 하긴 역부족입니다. 모든 교사와 학부모님의 패러다임 전환(대학서열 중심의 진학지도에서 적성과 흥미에 맞춘 진로진학지도)이 필요합니다. 더 노력해야 합니다.

몇 년 동안 일종의 사명감(많은 학생과 학부모가 이런 정보를 알고 있어야 한다)

을 갖고 여러 루트를 통해 중하위권 학생들이 관심 가져도 좋을 학과와 직업에 관한 정보들을 수집하였습니다. 해당 대학 학과 교수님께 메일을 보내 회신을 받기도 하고, 교수님과 현장 직업인을 초청해서 학생들과 함께 특강을 듣고, 진로진학 관련 사이트에 방문하고, 책을 읽고 여러 영상을 보면서 현실의 정보를 수집하기 위해 애썼습니다. 2021년 겨울에는 광주광역시교육청 유튜브에 출연하여 이색학과라는 제목으로 이 책에 소개된 몇 개의 학과를 소개하는 영상을 찍기도 했구요. 영상을 찍은 이후로 중하위권 학생들을 위한 정보를 더 모아 책을 내야겠다고 별렀습니다.

'구슬이 서 말이라도 꿰어야 보배'라는 말이 있습니다. 세상에 정보와 지식은 많이 있지만, 이것들을 자신에게 맞춤형으로 골라내고 배열하여 적용해야 합니다. 여기에서 소개하는 내용은 서 말의 구슬을 꿰어보려고 노력한 흔적입니다. 여기에 소개하지 않은 학과여도 당연히 유망할 수 있으며 본인이 원한다면 자신감을 갖고 그 학과에 진학해서 열심히 공부하시기 바랍니다.

인생은 지금부터 시작입니다. 정확히 말하면 고등학교 졸업 이후가 본격적인 시작입니다. 이제는 계급장(내신등급) 다 떼고 자신감, 성실성, 열정을 갖고 살아가면 됩니다. 이 책은 여러 분야에서 전문직업인으로 성실하게 살아가는 분들을 소개하면서, 다양한 직업군을 소개하기 위해 애를 썼습니다.

이 책을 쓰는 동안 저와 학생들의 진로에 대해 이야기 나누면서 책 쓰기 영감을 주신 광주 진로전담교사 9기 진로교육 수업나눔동아리 '진로내비게이션' 선생님들(조명진, 정혜영, 김은아, 신승희, 서동필, 염국진, 양효선, 김소현)께 고마움을 전합니다. 그리고, 항상 너에게 조언한다는 마음으로 자료를 수집하면서 책을 썼단다, 사랑하는 아들 주연. 너를 낳은 후 모든 학생을 너를 대하는 마음으로 대하고자 노력하고 있다. 네가 이 책의 원천이란다. 아울러 일반적인 학부모의 입장을 이야기해주면서 제가 균형감각을 잃지 않게 도와준 남편 종선에게 고마움을 전합니다. 또 이 책이 세상에 나와 많은 분께 희망을 줄 수 있게 장을 펼쳐주신 책마을해리 이대건 촌장님께 존경과 감사의 말씀을 전합니다.

이 책을 펼친 여러분, 지금부터 서 말의 구슬을 꿰는 작업을 시작하시기 바랍니다. 여러분의 인생에 행운이 깃들기를 기원합니다. 자, 이제 '무엇을 위해?' 여러분이 살아가야 하는지 스스로 답을 달기 위해 이 책을 펼쳐봅시다.

2023년 7월

모든 학생, 특히 중하위권 학생을 사랑하는

진로교사 조설아 올림

참고영상

명문대에 간다고 모든 것이 해결되는 건 아니다

-범작가 | 21살 한양대 입학 후 현타가 온 이유, 그리고 내가 내린 결론

https://www.youtube.com/watch?v=fPNWKbVfsqY

공부는 학교 공부가 전부가 아니다. 모르는 것을 알게 되면 다 공부다!

-kbs창원 | [2016 KBS 드림하이 콘서트 in 의령] 강연&토크①) 조승연 - 내 삶의 주어는 I, 나 (2016.12.13.,화) https://www.youtube.com/watch?v=APiOgmGfTVg

진로를 찾는 학생들이 꼭 명심할 것

-책그림 | 진로를 고민하는 학생에게 | 무식해져야 합니다 | 진로, 고민

https://www.youtube.com/watch?v=nZhC1cLcNeg

| 차례 |

I

알고보면 "나, 이런 사람이야"

1. 대학과 학과를 알아봐요

여러 가지 정보를 얻기 좋은 사이트는 바로 '대학어디가'입니다. '대학어디가'에 들어가서 학과정보에 키워드만 검색하면 전국에 그 학과가 설치된 대학들이 다 나오고 입시결과도 볼 수 있습니다. '대학어디가'의 입시 결과는 6월 정도까지는 전년도 신입생 성적이 나옵니다. 6월 이후에는 해당년도 신입생 성적이 업로드됩니다.

각 대학교 입학처 홈페이지에 가면 전년도 입시결과가 공지되어 있으므로 더 자세한 정보는 각 대학 입학처 홈페이지에 들어가면 됩니다. 포털사이트 검색어에 '○○대학교 입학처'라고 검색어를 넣으면 들어갈 수 있습니다.

'대학어디가' 대학 학과 입시성적 확인

(1) '대학어디가'라고 포털사이트(www.adiga.kr)에 검색어를 넣으면 대입정보포털이라고 뜹니다.

(2) '대학/학과/전형-학과정보'에 들어가서 학과 키워드를 넣습니다. 학과가 개설된 전국의 모든 대학을 볼 수 있습니다. 왼쪽의 전문대학을 누르면 전문대학 검색도 가능합니다. 예를 들면 물리치료라고만 키워드를 넣으면 전국의 물리치료학과가 소개됩니다.

학과명	대학명	지역	입학정원	2022경쟁률 수시	2022경쟁률 정시	2022 입시결과	비교 분석
경찰·소방행정학부	유원대학교 [본교]	충북	45	3.55	1.37	입시결과	비교
경찰소방학과	가야대학교(김해) [본교]	경남	30	-	-	입시결과	비교
경찰소방학과	김천대학교 [본교]	경북	30	-	-	입시결과	비교

(3) '입시 결과'를 누르면 전년도 입시 결과를 볼 수 있습니다(일반대학은 성적이 업로드되어 있지만, 전문대학은 업로드되어 있지 않습니다. 6월 이후에 올해 대학교 1학년 신입생 성적이 업로드됩니다).

2. 수시 교과전형? 학생부종합전형?

일반고의 중하위권 학생들은 대부분 수시를 쓸 경우 교과 전형을 노릴 것입니다. 물론 학생부 관리가 어느 정도 되어 있다면 학생부종합전형도 쓸 수 있습니다. 수시 교과전형은 학생부의 내신성적만 보고 대학과 학과에 따라 수능최저까지 맞춰야 하는 경우가 대부분입니다. 그러나 지방대의 경우 일부 학과를 제외하고는 수시 교과전형에서 수능최저를 요구하지 않는 경우가 많습니다.

게다가 만약 문과계열 학생이고 미적분이나 과학을 한 개도 배우지 않았다고 해도 이공계열 진학이 가능한 대학도 많습니다. 물론 문제는 대학에 가서 얼마나 교과과정을 따라가느냐일 것입니다. 문과 학생인데 꼭 이공계열에 진학해야겠다고 맘먹고 진학한다면 수시 합격 이후 촌음을 아껴서라도 필요한 교과 공부 기본 지식을 쌓아야 합니다. 예를 들면 문과 학생이 건축공학과에 진학하게 되었다면 물리와 미적분에 대해 몇 달 동안 입학하기 전까지 공부하는 것입니다. 혹은 생명과학을 배우지 않았는데 생명과학 지식이 필요한 학과에 진학하게 되었다면 생명과학 공부를 해두는 것이 대학입학 후 학업과 취업준비에 무리가 없을 것입니다.

현재 1, 2학년이라면 진학하고 싶은 학과를 염두에 두고, 그 대학에서 학생부종합전형을 선발한다면 학생부종합전형도 준비하는 것이 수시 원서를 쓸 때 마음이 놓일 것입니다. 경쟁률이 높지 않은 학과나 대학이라면 상관없지만, 중하위권 대학이나 학과 중에서도 선호하는 곳이 있기 마련입니다. 학생부종합전형 준비를 한다면 원하는 대학과 학과에 원서를 교과전형으로도 쓸 수 있고 학생부종합전형으로도 쓸 수 있습니다. 학생부종합전형 준비는 상위권 학생들만 하는 것이 아닙니다. 대학 입학을 떠나서 학생부종합전형 준비 과정 그 자체로 의미가 있습니다. 학생부종합전형을 준비하면서 자신의 진로를 진지하게 설계하기 위해 필요한 것이 무엇인지 생각해보고 필요한 역량을 쌓기 위해 노력하기 때문에 대학 입학하면서 지식은 물론이고 태도(자기주도성, 능동성 등)까지 준비된 상태로 시작할 수 있기 때문입니다.

현재 학생부종합전형에서 가장 주요하게 보는 요소는 '학과에서 필요한 과목에 대한 지식을 쌓았는가' 하는 점입니다. 예를 들면 물리치료학과라면 생명과학을 배운 학생이 학생부종합전형에서는 생명과학을 전혀 배우지 않은 학생보다 유리한 점수를 받을 수 있습니다. 그래서 2, 3학년 과목 선택에 신경을 써야 합니다.

물론 중하위권 학생들이 가고자 하는 대학의 학과들은 몇 개를 제외하고는 대부분 학생부종합전형이 아니어도 학생들을 선발하고(학생부종합전형이 없는 대학도 많습니다) 문과 학생이어도 이과 진학이 가능하여 문·이과 구별 없이 성적만 되면 선발할 가능성이 큽니다. 그렇다 치더라도 이 학과에 가서 살아남고 잘 배워서 취업할 수 있는지를 생각한다면 고등학교 생활을 하면서 다양한 체험을 하고, 선생님들과 상담하고, 정보를 수집할 필요가 있습니다. 문과 학생인데 물리치료학과에 가게 되었다면 합격증을 받은 이후 생명과학 기초를 다져두는 열의가 필요합니다. 인생의 흥망은 수시등급으로 결정되지 않습니다. 성공에서 중요한 것은 진정성있는 태도, 열의, 자기주도성 등입니다.

3. 지방대? 지잡대?

'지잡대'라는 말을 좋아하지 않습니다. 비하용어이고 차별용어이기 때문입니다. 현실적으로 일반고 중하위권 학생들이 진학하는 대학들은 지방대가 많을 것이며 언론에 나오는 수도권 주요 16개 대학이 아닐 것입니다. 불교의 명언 중에 이런 말이 있습니다. '자기 자신이 붓타(깨달은 자)이다.' 또 이런 말도 있습니다. '수처작주 입처개진(隨處作主 立處皆眞): 어디서라도 스스로 주인이 되면 가는 곳마다 참된 진리가 되리라.' 그대가 다니는 대학이 최고의 대학이라고 생각하십시오. 그대가 그곳에서 열심히 생활하고 공부하여 자랑스러운 졸업생이 되어 전문가로 우뚝 서서 '자랑스러운 선배와의 만남 초청 특강'에 초빙되는 사람이 되면 됩니다.

늘 학생들에게 말합니다. 고등학교 때 내신성적이 그대들의 인생 전부를 결정하는 요소가 아니라고. 네임벨류가 좋은 대학(소위 말하는 명문대)에 가는 것은 고등학교 때 공부를 열심히 했다는 의미이고 노력의 대가입니다. 하지만 네임벨류가 좋지 않은 대학에 갔다고 해서 인생 전부가 실패한 것은 아닙니다. 우리나라뿐만 아니라 외국에서도 명문대라는 것이 존재합니다. 서열을 매기면 끝도 한도 없습니다. 이런 식으로 따지면 서울대학교 학생이 하버드대학교 학생보다 더 못난 것인가요? 그건 아닙니다.

진짜 인생은 졸업 이후부터 시작합니다. 소위 말하는 명문대에 갔지만, 취업이 쉽지 않아 방황할 수도 있습니다. 명문대는 아니지만, 학과와 직업에 대한 자부심을 갖고 열심히 공부하고 취업하여 전문가로 잘 살 수도 있습니다. 삶을 살아가면서 변수는 너무 많습니다. 변수들을 어떻게 다루고 대처하는가가 삶을 성공과 행복으로 이끕니다. 얼마 전 유튜브에서 한양대학교 입학생이 올린 영상을 보았습니다(이 책 '펴내는 글'에서 소개한 영상). 재수해서 한양대에 입학했지만, 곧 방황하게 되었다죠. 대학 이름이 모든 것을 결정해주지 않는다는 것을 깨달았고 지금 후배들에게 해주고 싶은 이야기는 삶과 진로에 관해 진지하게 고민하라는 것입니다. 무엇을 위해, 어떻게 살아갈지, 어떤 가치를 실현하기 위해 살아갈 것인가에 대해 치열하게 고민해보라는 것입니다. 성적이 높든 낮든 치열하게 삶과 진로에 대하여 고민하면서 대학과 학과를 선택한 학생과 그렇지 않은 학생은 대학생활 그리고 졸업 이후의 삶이 달라집니다. 성적이 모든 것을 결정하는 게 아닙니다.

진로교육의 아버지라 불리는 존 크롬볼츠[1] 교수가 주장한 '계획된 우연'이라는 진로교육이론이 있습니다. 그는 오랜 추적조사와 연구 끝에 진로 결정에 있어 특정 직업 분야의 성공에 이르기까지 계획대로 일을 진행한 비율보다 '우연'에 의한 선택으로 일을 진행하여 성공한 비율이 훨씬 높다는 걸 알아냈습니다. 그래서 진로 설계를 할 때 이 우연한 사건에 대처하는 능력과 태도를 기르는 것이 중요하다고 강조하며 이를 '계획된 우연'의 요소라 부르고 하위 요소 5가지(호기심, 낙관성, 유연성, 인내심, 위험 감수의 태도)를 함양할 것을 당부하였습니다.

크롬볼츠 교수의 주장의 숨은 뜻을 좀 더 살펴보자면 계획을 세우지 말라는 건 아니지만 항상 명심해야 할 것은 계획은 변경될 수 있으며 변경해야만

1) 존 크롬볼츠 이론 참고도서『우연과 계획의 조우』(손은령),『빠르게 실패하기』(존 크롬볼츠, 라이노바비언).

하는 상황에서 좌절하지 말고 어떻게 어디로 변경할지 생각하라는 것입니다. 계획된 우연의 요소는 다음과 같습니다.

- 호기심: 우연히 맞닥뜨린 상황에서 기회를 엿보는 역량
- 낙관성: 원치 않는 어려움을 만났을 때 벗어날 수 있는 희망을 갖고 주변의 원조를 받아서라도 탈출할 수 있다는 태도
- 유연성: 변화하는 상황에 맞춰 대응하는 역량
- 인내심: 포기하지 않고 실패하더라도 다시 도전하고자 하는 태도
- 위험 감수의 태도: 새로운 영역에 도전할 때 실패 리스크가 있지만 두려워하지 않고 행동하는 역량

진로(인생)는 고정될 수 없습니다. 왜냐하면 삶 자체가 변화하는 것이기 때문입니다. 유연성과 낙관성 등을 견지하면서 과도한 스트레스를 받지 말고 변화에 대처해야 합니다. 여러 가지 경험을 하면서 우연한 일들을 만들어내세요. 우연히 본 영화, 우연히 한 경험, 우연히 읽은 책, 우연히 만난 사람이 내 진로에 영향을 끼칠 수 있습니다. 우연을 흘러가게 두지 말고 내 인생에 어떤 의미가 있는지 늘 곱씹어보세요. 계획된 우연을 많이 만들어내시고 삶에서 일어나는 모든 일에 귀를 기울이세요. 이건 시험만큼이나 중요한 일입니다. 아니, 시험점수보다 더 중요한 일인지도 모릅니다.

진로를 탐색하고 때론 계획을 변경할 줄 아는 지혜가 필요합니다. 사람들은 진로를 설계하고 선택하면서 이것이 고정되고 불변할 것이라는 잘못된 전제를 깔고 있습니다. 변화하지 않는 것은 없습니다. 사회도 변하고 자신의 흥미와 가치관도 변화할 수 있습니다. 능동적이고 유연한 태도가 필요합니다.

4. 내가 중요하게 생각하는 것은?_직업가치관 검사

진로 선택 시 중요한 요소가 무엇일까요? 물론 성적이라는 요소를 무시할 수 없습니다. 부모님과의 의견조율, 가정환경(경제적 여건 등)도 중요합니다. 본인의 적성, 흥미도 무시할 수 없습니다. 사회의 변화도 살펴봐야 하죠.

무엇보다 가장 중요한 요소는 자신의 인생에서 우선순위를 세우는 것 -즉 중요한 가치관이 무엇인지 파악하는 것- 이라고 생각합니다. 돈을 제일 가치있다고 여기며 사는 사람도 있고 사랑을 제일 가치있다고 여기는 사람도 있습니다.

진로를 설계할 때 자신이 가치있게 여기는 것을 실현하는 방향으로 나아가는 것이 필요합니다. 직업을 선택하고 직업생활을 하면서 가장 중요하게 여기는 가치는 무엇인가를 파악하는 것이 직업가치관 검사입니다. 검사결과 해석에 주의할 점이 있습니다. 절대 하나의 직업이 하나의 가치관을 실현한다고 생각해서는 안 된다는 것입니다. 우리는 흔히 '대기업직원=돈', '간호사=봉사', '공무원=워라벨', 이런 식으로 직업과 가치관을 도식화하여 매칭하는 경향이 있습니다. 그런데 반드시 그렇지는 않습니다.

예를 들어보겠습니다. 금전적 보상을 제1의 가치라고 생각하는 A라는 의사는 많은 돈을 더 벌기 위해 수단과 방법을 가리지 않을 수 있습니다. 극단적인 사례로 한 의사가 간호조무사나 의료기기 영업사원에게 대리로 수술을 시켜 뉴스에 보도된 적이 있습니다. 페이닥터를 고용하면 돈을 더 많이 줘야 하기 때문이죠. 더 많은 수술을 하면서 돈을 더 벌기 위해 자행한 일이지요. 봉사를 제1의 가치라고 생각하는 B라는 의사의 예를 살펴봅시다. 이태석 신부는 의대를 졸업하고 아프리카로 가서 의료봉사를 했습니다. 변화지향을 제1의 가치로 선택한 의사 C는 어떨까요? SBS 의학전문기자 조동찬 기자는 원래 신경외과 의사였지만 새로운 영역으로 도전하고 싶어 방송국 의학전문 기자가 되었습니다. A와 B와 C는 같은 직업(의사)을 가졌지만, 삶에서 우선으로 생각하는 가치에 따라 살아가는 모습은 많이 달랐습니다. 결국 어떤 직업을 갖느냐도 중요하지만, 이 직업을 갖고 어떤 가치를 구현하며 살 것인지도 중요합니다.

또 나의 제1의 가치를 구현하는 데 제일 적합한 직업을 찾을 수도 있겠죠. 특정 직업이 특정 가치관만을 대변하지 않지만 어떤 직업들은 그 가치관을 쉽게 실현해 주는 경우가 있습니다. 만약 금전적 보상이 제1의 가치인데 공무원이나 교사를 하겠다고 하면 앞뒤가 맞지 않습니다. 금전적 보상의 기준을 어디에 두느냐는 각자 기준이 다르겠지만 공무원이나 교사는 고소득 직업이라고 말하기는 힘듭니다. 이런 경우는 제1의 가치를 포기하고 제2의 가치를 구현하는 것으로 직업 생활의 모습을 바꿀 수도 있고 교육계열이 너무 좋다면 교사가 아닌 교육계열 사업을 통해 돈을 벌 수도 있습니다. 하나의 직업이 하나의 가치만을 구현하지 않음을 유념해야 합니다.

일단 자신이 현재 중요하게 생각하는 가치는 무엇인지 점검해봅시다. 특히 직업에서 중요하게 생각하는 가치관을 알아보는 '직업가치관검사'를 해볼 수 있습니다. 커리어넷이나 워크넷 두 개의 사이트에서 무료로 직업가치관 검사를 할 수 있습니다. 여기서는 워크넷 직업가치관 검사를 소개해드리겠습니다.

워크넷 직업가치관 검사 방법

(1) 포털사이트에 '워크넷'이라고 검색어를 넣고 들어갑니다(https://www.work.go.kr/).

(2) '직업진로-청소년심리검사실시-직업가치관검사'를 클릭합니다(비회원으로도 할 수 있습니다).

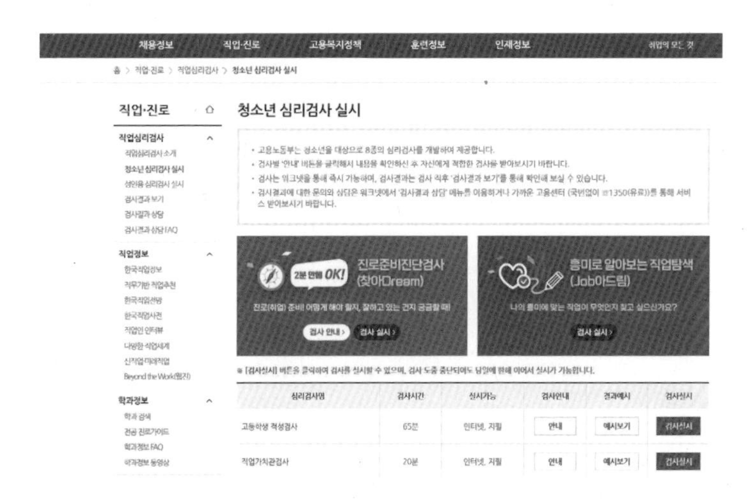

(3) 직업가치관 검사를 찾아 오른쪽의 '검사실시' 버튼을 누른 뒤 비회원 버튼을 누르면 비회원 번호 발급받기에서 생년월일과 임시 비밀번호를 입력하면 임시 비회원번호를 부여합니다(비회원번호를 잘 기록해두어야 합니다. 나중에 검사결과를 볼 때 필요합니다. 본인이 설정한 임시비번도 잘 기록해두어야 합니다).

• 비회원번호 발급완료

비회원번호 T000024899771 발급되었습니다.

발급받은 비회원번호로 로그인하세요.

비회원번호 복사

비회원번호 유효기간	- 심리검사 실시 : 발급 후 1일간 2023.04.14. 10:18까지 유효 - 검사결과 조회 : 발급 후 7일간 2023.04.20. 10:18까지 유효

※ 비회원번호를 잊으시는 경우, 중단된 심리검사의 재검사 및 검사결과 확인이 불가능하오니 이메일 또는 휴대폰으로 전송하여 별도 저장하시기 바랍니다.

(4) 검사가 끝나면 왼쪽에 '검사결과보기' 메뉴를 누르면 검사결과를 볼 수 있습니다.

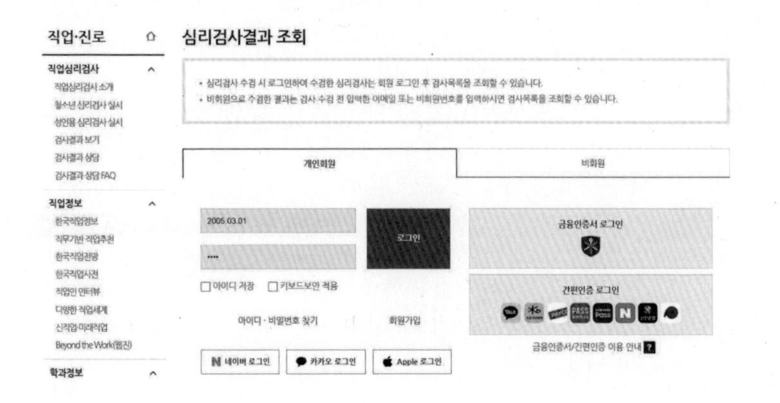

(5) 검사결과: 자신이 중요하게 생각하는 순위가 표현된 가치관들이 나옵니다.

1 직업 가치관 검사란?

본 직업가치관검사는 당신이 직업을 선택할 때 중요하게 생각하는 가치가 무엇인지를 확인해보는 심리검사입니다.
당신이 중요하게 생각하는 직업가치를 13개 가치요인을 기준으로 파악하고 이를 바탕으로 당신의 직업가치관에 적합한 직업분야를 안내해드리고자 합니다.
당신이 중요하게 생각하는 가치를 충족시킬 수 있는 직업에 종사할 때 당신은 해당 직업에 더욱 만족하게 될 것입니다.

2 검사 점수의 해석

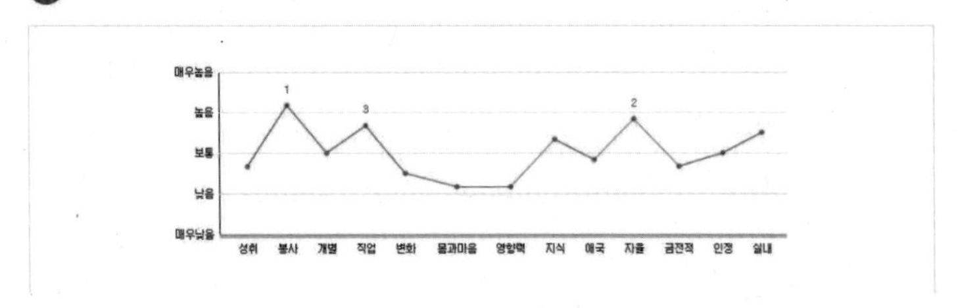

(6) 주의해서 해석해야 할 점은 검사결과에서 특정 가치관에 특정 직업을 소개하지만, 너무 유념해서 보지 않아도 됩니다. 예를 들면 성취라는 가치에 대학교수, 연구원, 프로운동선수, 연구가, 관리자 등이라고 소개되지만 다른 직업이라고 해서 성취라는 가치를 구현할 수 없는 것은 아닙니다. 다만 현재 자신이 중요하게 생각하는 가치가 무엇인지 이 가치들을 실현하기 위해 어떤 계획을 세우고 어떤 진로 설계를 해야할 지 생각해보는 것이 중요합니다.

5. 직업은 껍데기? 껍데기도 껍데기 나름

학생들에게 대학에 대해 설명할 때 이런 비유를 든 적이 있습니다.

수백만 원짜리 명품 옷을 걸쳐도 자신의 체형과 얼굴에 맞지 않는다면 패션테러리스트가 된다. 그런데 몇만 원짜리 옷이어도 체형과 얼굴에 잘 맞추고 스타일링을 잘하면 패션리더가 된다. 대학도 마찬가지이다. 남들이 명문대라고 추켜세우는 곳에 갔지만, 학과가 자기 적성이 아니라면 적응을 못 해 다니기 싫을 수 있다. 대학 간판은 좀 낮지만 자기 적성에 딱 맞는 학과에 다닌다면 남들이 뭐라든 스타일 좋은 딱 맞는 옷을 입은 것처럼 신바람이 날 것이다.

남들에게 그럴싸하게 보이는 간판과 상품명에만 집착하면 오히려 스타일을 망칠 수 있습니다. 자기에게 잘 맞는 옷을 가격에 구애받지 않고 찾아내려는 노력이 필요합니다. 정신이 맑고 건강상태가 좋고 자세가 바른 사람은 몇천 원짜리 티셔츠를 입어도 빛이 납니다. 정신이 흐리멍텅하고 건강이 나쁘고 자세가 구부정하면 몇백만 원짜리 명품을 입어도 볼품이 없습니다. 중요한 것은 내면입니다.

『저 청소일하는데요?』(김예지, 21세기 북스)라는 만화책이 있습니다. 저자는 20대 젊은 여성으로 디자이너로 취업했지만 워라벨이 없는 소진되는 삶에 지쳐 퇴사하고 어머니를 따라 건물 청소를 시작하게 되었습니다. 처음에는 돈을 벌기 위해 시작한 일이고 계속하리라 생각하진 않았습니다. 지인들이 요즘 무슨 일 하냐고 물으면 머뭇거리기도 하고 누가 볼까 봐 얼굴을 가리고 청소를 하기도 했습니다. 이 과정에서 있었던 에피소드와 깨달음을 만화로 그렸습니다. 저는 이 만화를 읽으면서 직업이란 상황에 따라 바뀔 수 있고 그 어떤 직업이든지 몰두하면 자긍심을 얻을 수 있다는 걸 새삼 깨달았습니다. 만약 청소일이 싫다고 버텼다면 주인공은 곤궁한 상태를 벗어나기 힘들었을 것입니다.

뭐니뭐니해도 직업은 노동의 대가를 받아야 합니다. 어떤 상황에서 돈이 필요하다면, 비윤리적이고 반사회적인 일이 아니라면, 할 수 있습니다. 돈을 벌고 자신의 가치를 실현할 수 있다면 자신에게 있어 최상의 직업 아닐까요? 책의 주인공은 디자이너로서는 창의성과 예술성을 발휘할 수 없었지만, 청소일을 하면서 돈을 벌고 -이 책 덕분에 강연도 다니고- 만화를 그림으로써 창의성과 예술성도 발휘하게 되었습니다.

남들 시선은 무시하고 신바람 날 수 있는 일이 무엇일까 생각해보세요. 내 가치관을 실현하는, 신바람 나는 일을 하는 것이 성공과 행복의 지름길입니다.

Ⅱ

다양하고 심오한 학과와 직업의 세계

1. 물리치료학과

진로쌤의 이야기

의료보건계열 입시성적은 소위 말하는 '의치한약수의' 학과가 1등급대 라인이고 간호학과가 대학에 따라 1등급대부터 4등급대 정도로 분포합니다. 물리치료학과는 3~5등급 사이로 보고 있습니다. 대학에 따라 물리치료학과도 반영 성적이 다르기 때문에 대학별로 본인의 성적이 어떻게 산출되는지 잘 계산해야 합니다.

평범한 일반고에서 2등급 정도 하는 여학생이 있었는데 일본어를 아주 잘했고 학생부도 잘 챙긴 성실한 학생이었습니다. 나중에 보니 지역의 전문대학 물리치료학과를 진학했더라구요. 취업이 확실히 되는 학과를 가고 싶었다고 합니다. 학기 중에 일본 교환학생을 다녀올 정도로 자신의 뜻과 의지가 확고하고 실천력이 강한 학생이어서 걱정하지 않습니다. 사실 확고한 뜻을 세우고 실천력이 있다면 무엇을 선택하든 안심이지요. 물리치료학과가 인기가 많다는 방증이라고도 볼 수 있습니다.

학과소개

물리치료는 질병, 사고 혹은 선천적인 질환 등으로 일시적이거나 영구적인 장애를 갖게 된 환자나 운동선수, 산모, 아동, 환자 가족에 이르기까지 다양한 대상에 적용되고 있습니다. 물리치료학은 운동치료나 물리적인 요소들(물, 광선, 전기, 열 등)을 이용하여 손상된 기능을 회복시키고 장애를 최소화할 수 있도록 평가, 치료, 교육하는 의학의 한 전문영역입니다. 점차 전문화되어 가고 있는 국내외 의료계의 변화에 부응하여 보다 전문적이고 국제적인 물리치료사 양성에 교육 목표를 두고 있습니다(커리어넷 학과소개 자료 인용).

관련자료

<물리치료 이야기 및 인생 여정의 기록>이라는 블로그의 글이 있어 소개합니다. 물리치료사의 해외 취업에 관한 글입니다(https://blog.naver.com/pegasus0920/223026471213).

한국에서 교육과정(학사)을 마치고 물리치료사 면허를 취득한 사람이 해외에서 근무할 수 있는 방법에 대해 이야기해보려고 한다. 나는 면허 번호가 4만 번이고 지금 졸업하는 선생님들은 8만 번 정도로 보고 그럼 한국에 물리치료사가 8만 명 정도 있다는 말인데 면허를 사용하면서 실제로 근무하는 숫자를 고려해 보면 그 정도는 안 될 것 같다. 이미 내가 학교 다닐 때부터 교수님은 필리핀을 통해 미국 뉴욕주로 건너가서 물리치료사 생활을 하셨고 그 시절부터 있던 뉴욕주를 통한 미국 물리치료사의 길은 아직도 유효하다. 여기 현실적으로 내가 아는 한 어떤 나라에서 물리치료사로 근무를 하고 계신지 한번 생각해보자.

1. 미국: 뉴욕주를 통해서 성적평가를 마치고 NPTE(National Physical Therapy Examination, 전국물리치료사시험)를 통과한 뒤에 미국물리치료사가 되는 길과 미국에서 DPT(doctor of physical therapy, 물리치료학 대학원) 학교를 졸업하고 물리치료사 면허시험에 합격한 후 물리치료사가 되는 길.
2. 캐나다: 캐나다 성적평가를 넣고 필기시험과 실기시험이 있고 슈퍼바이저(Supervisor) 밑에서 트레이닝 시간 필요.

3. 호주

4. 뉴질랜드

5. 영국: 영어성적과 서류를 영국물리치료협회에 보내고 승인이 나면 별다른 시험 없이 가능.

6. 네델란드: 실제로 알고 있는 한국 분이 네델란드에서 학교를 졸업하고 근무.

7. 독일

8. 프랑스

9. 일본: 일본에서도 물리치료사로 근무하는 분이 있다고 들었는데 자세히 알지는 못한다.

10. 중동: 사우디, 쿠웨이트, 카타르, 바레인, 두바이, 아부다비).

내가 아는 선에서는 이 정도의 리스트를 뽑아 놨고 미국, 캐나다, 호주, 뉴질랜드, 영국 같은 나라들은 각국 물리치료사 홈페이지에 가면 친절하게 A-Z까지 해야 하는 것들에 대해서 나와 있다. 그리고 영어권 나라에서는 이미 진출해서 근무하고 계신 분들을 쉽게 찾을 수 있고 도움도 받을 수 있을 것이다.

유럽은 네델란드, 독일, 프랑스 정도인데 유럽은 나라별로 다른 정책을 가지고 있으나 반드시, 자국 언어가 어느 정도 레벨이 되어야 한다는 점이다. 그도 당연한 것이 한국에서 물리치료사를 하고 싶다면 한국어를 해야 하는 것이 당연한 이치다. 하지만, 신기한 점은 독일이나 유럽에서 요구하는 그 나라 언어 시험이 생각보다 높은 성적을 요구하는 것이 아니라는 점이다. 개인적으로 그 성적으로 환자를 볼 수 있는지 의문이다. 친구들한테 들은 이야기로는 물리치료사나 간호사의 인력이 부족하여 주변 나라에서 적극적으로 받아들이고 있는 듯하다.

이제부터 개인적인 이야기를 해보려고 한다. 한국에서 물리치료학과를 진학한 이유가 분명했고 학교에 다니면서 해외에서 근무하는 것에 굉장히 관심이 많았다. 그도 그럴 것이 학부 때 관심있게 찾아보고 공부한 논문들이 대부분 해외에서 나오는 것이었고 특정 연구자들이나 유명한 물리치료사들의 연구들을 굉장히 재밌게 보고 있었기 때문이다. 계속 해외에 관심을 두고 영어를 꾸준하게 준비했다. 나는 개인적으로 스피킹이 되지 않으면 해외에서 일할 수 없을 거라고 생각해서 환자를 볼 수 있을 정도의 스피킹을 만들기 위해서 혼자 계속 꾸준하게 공부했다.

학부를 졸업하면서 계속하고 싶은 일에 도전했고 학부 때부터 선배들과 교류하면서 면허시험을 치고 바로 취업했고 하고 싶은 일을 하기 시작했다. 낮에는 환자를 보는 일을 하고 일이 끝난 후에는 대학교 축구 선수들에게 여러 가지 데이터와 문헌을 바탕으로 퍼포먼스 및 재활 운동 프로그램을 만들어 선수들에게 제공했다. 그리고 주말에는 학교 선배님이 정형도수교육을 맡아 하는 회장님이었기에 교육도 같이 개최하고 수업도 듣는 시간을 보냈다.

그렇게 3년을 보내고 이제는 선수들을 위해서 팀에서 근무하고 싶다는 생각이 섰고 올림픽 대표팀에서 1년 근무를 할 수 있는 좋은 기회를 얻었고 프로 배구팀에서 3년간 근무할 수 있는 기회를 얻었다.

캐나다 물리치료사가 Clinical Manager로 팀을 꾸려서 쿠웨이트에서 오픈한다는 이야기를 주변에서 들었고 해외에서 근무하고 싶다는 생각이 늘 있었던 만큼 이력서를 내고 연락을 받았다. 여러 차례 면접을 치른 이후에 나의 이력서를 보고 괜찮다는 이야기를 들었다. 이 당시에 엄청 좋은 느낌이 들었던 것이 쿠웨이트 클리닉에서 원하는 어떠한 조건들이 내가 하고 있던 일과 굉장히 매치가 잘 되었고 그 당시 배구팀에서 일하고 있던 나의 경험을 굉장히 높게 평가해주었다. 모든 게 감사한 일이었다.

입시결과

70%컷은 10명 중 7등의 성적입니다. 하위권 초입의 성적입니다. 50%컷은 10명 중 5등(중간값)의 성적, 평균은 10명 평균성적입니다. 대학들이 보통 평균, 50%컷, 70%컷을 공개하고 때에 따라 최고컷, 최저컷도 공개합니다.

연세대학교 미래캠퍼스는 2022 수시 기준 교과우수자전형이 70%컷이 2.1이네요. 학생부종합전형도 70%컷은 2.4입니다. 단국대학교 제2캠퍼스의 경우도 교과우수자전형은 70%컷이 2.7, 학생부종합전형은 70%컷이 2.9, 충남 천안의 남서울대학교는 교과전형(면접전형) 70%컷이 3.5입니다. 생각보다 많은 대학이 2~3등급컷으로 형성되어 있습니다.

그러나 조금 더 낮은 컷으로 형성된 대학교들이 더 많이 있습니다. 예를 들면 광주광역시 남부대학교의 경우 학생부교과전형 70%컷 5.6, 전북 우석대학교는 교과전형 70%컷 4.4, 경북 위덕대학교는 교과전형(면접전형)이 70%컷 6.4입니다. 분석해보면 전라남북도나 경상남북도 쪽, 즉 아랫지방 대학으로 내려올수록 컷이 떨어지는 경향이 있습니다. 물리치료는 보건계열에서 간호학과만큼이나 인기가 많은 곳입니다. 경기권이나 충청도권까지도 컷은 좀 높습니다.

하지만 전문대학까지 생각한다면 기회는 많습니다. 전문대학의 내신산출방식이 전 과목을 넣거나, 특정 교과만 넣거나, 심지어 특정 학년만 넣는 식입니다. 즉 산출방식이 전문대학마다 달라서 어떤 대학에서의 내신성적 계산법에 따르면 본인의 성적이 생각보다 높게 산출될 수 있습니다.

참고로 물리치료는 전문대학에서는 3년 동안 공부합니다. 전문대학을 나와도 물리치료사로 취업할 수 있습니다. 다만 전문대학과 4년제 대학의 차이는 4년제 대학을 나온 학생만이 추후 대학원에 진학할 수 있다는 것이며 현실에서는 연봉 차이는 없다고 합니다.

참고 동영상: https://youtu.be/JZruUN-ysCA: [세 치료사] 3년제 4년제 나중에 격차가 생기나.

광주보건대학교라는 전문대학의 예를 들어보겠습니다. 2024학년도 입학전형 시행계획을 살펴보겠습니다. 대입 수시에서 성적 산출방식이 1학년부터 3학년 1학기까지 학기별 전 과목 평균 중 상위 2개 학기 평균 반영이라고 쓰여있습니다. 이 말은 1학년 1학기부터 3학년 1학기까지 가장 잘한 학기 2개만 반영하겠다는 의미입니다. 현재 고등학교 교육과정 구조상 (학교에 따라, 본인 선택에 따라) 3학년 때는 등급이 나오는 과목을 선택하지 않을 수 있습니다. 만약 3학년 1학기 때 자신이 잘하는 과목 중 등급이 나오는 한 과목만 선택한다면 3학년 1학기 성적은 그 과목만 반영되는 것입니다. 이것은 입학처에도 질의해서 정확하게 확인한 사안입니다. 그렇다면 3학년 1학기 때까지 포기해서는 안 되겠죠(대부분의 4년제 대학은 5개 학기 국영수사과 중심으로 동일하게 성적을 산출하기 때문에 이 점은 전문대학이 메리트가 있다고 볼 수 있습니다).

다른 전문대학도 한 개 더 살펴보겠습니다. 전남과학대학교입니다. 2023학년도 전형을 살펴보겠습니다. 전남과학대학은 물리치료학과의 경우, 2학년 성적만 반영한다고 했습니다. 이것도 전 과목이 아니라 국어와 영어 중 등급이 잘 나온 것을 한 과목만 반영합니다. 국어도 등급 나온 것이 여러 가지가 교과가 있습니다. 영어도 여러 가지 있습니다. 여러 가지 중에서 국어 1개, 영어 1개를 고르는 것입니다. 참고로 2학년 성적이 없다면 직전 학기 것이라도 반영한다고 합니다. 적어도 수학이나 과학을 못하는 학생이 불리한 구조는 아닙니다.

전주비전대학교 2024 입학전형 시행계획을 살펴보겠습니다. 이곳은 수시에서 1학년 30%, 2학년 30%, 3학년 40%, 출결 20%가 반영됩니다. 그리고 전 과목을 반영합니다. 전 과목을 반영해서 불리한 사람도 있고 유리한 사람도 있습니다. 보통 국영수사과 과목이 아닌 경우 소홀히 하는 경우가 많지만, 국영수사과 과목이 아닌 기타 과목 등급이 잘 나온 경우도 있습니다. 이런 경우는 전 과목 산출방식이 유리할 수 있습니다. 그리고 3학년 때 40% 반영하는 것도 호재인 학생이 있을 겁니다. 앞서 말했다시피 3학년 때 선택과목 중 등급 나오는 과목을 전략적으로 잘 선택한다면 기회는 있습니다. 출결이 20% 반영된다는 것도 중요합니다. 전주비전대학교의 입시결과는 2022학년도를 기준으로 수시 1차의 경우 평균 4.4등급, 최저등급은 6.2입니다.

취업상황

최근 졸업생의 취업 현황을 살펴보기 위해 호남대학교 물리치료학과 홈페이지에 방문하였습니다. 호남대학교 물리치료학과는 2016년부터 2020년까지 취업률은 최저 70.80%이고 2017년에는 100%입니다. 최근 2020년에는 87.2%입니다. 몇 개 대학 홈페이지를 살펴보았는데 졸업후 진로는 비슷하게 기록해두었습니다. 커리어넷에서는 대학병원, 종합병원, 재활전문병원, 요양병원, 노인복지관, 장애인복지관, 재활센터, 한국보건의료연구원, 보건소, 국립중앙의료원, 한국보건산업진흥원, 첨단의료산업진흥재단 등 보건·의료 관련 공공기관으로 기록하고 있습니다.

어떤 사람이 적합한가?

재활이 필요한 분을 돕는 직업이므로 봉사정신과 타인에 대한 관심이 기본 전제가 되어야 할 것 같습니다. 커리어넷 학과 인터뷰에서 조현래 교수(마산대학교 물리치료학과)는 이렇게 말합니다.

"인체에 대한 궁금증과 질병에 대한 관심, 호기심, 그리고 사회 현실에 흥미를 가진 사람들이 적합합니다. 거기에 더해 자기 통제 능력이라든지 남에 대한 배려, 사회성이 밝은 사람들이 유리합니다."

학과 교육과정

대구한의대학교 교육과정을 참고하겠습니다.

물리치료개론, 인체해부학, 물리치료학영어, 근골격해부학 및 실습, 인체생리학, 병리학, 임상운동학, 전기치료학 및 실습, 소아물리치료학, 스포츠물리치료학, 노인물리치료학 실습, 수기경락 치료학 및 실습 등

고등학교 때 선택과목에 대한 조언[2]

- 공통과목: 영어, 과학
- 일반선택과목
  - 영어교과: 영어 I , 영어 II, 영어 독해와 작문
  - 과학교과: 생명과학 I
  - 체육교과: 체육, 운동과 건강
- 진로선택과목: 생명과학 II ,스포츠 생활, 체육탐구

이건 어디까지나 보편적인 예시안입니다. 그러나 혹시 생명과학을 선택하지 않았거나 문과 학생이라 해도 물리치료학과에 진학하는 것에는 큰 제한이 없습니다. 왜냐하면 학생부교과전형으로 학생을 선발하는 대학이 대부분이기 때문에 성적이 되고 입학 후 교육과정을 잘 따라갈 수 있으면 그것으로 충분합니다(단 일부 대학에서 학생부종합전형으로 선발하는 인원이 있기 때문에 학생부종합전형으로 물리치료학과를 진학하고 싶다면 생명과학을 선택하여 공부하는 것이 유리할 것입니다).

물리치료사에 대해 더 알고 싶다면?

하하병원TV | 물리치료사 인터뷰 | 연봉이 1억이라고?! | 현실, 국가고시, 되는 법, 취업, https://www.youtube.com/watch?v=syCQahUqSwo

2) 이 부분은 이 책에서 모든 학과가 '커리어넷' 사이트를참조하고 있습니다.

2. 작업치료학과

진로쌤의 이야기

작업치료학과를 학생들에게 권하면 학생들은 깜짝 놀랍니다. 이런 학과를 들어본 적이 없다는 거죠. 저도 물리치료학과 진학을 검색하면서 알게 된 학과입니다. 2019년에 처음 알게 되었는데 사실은 수시로는 물리치료학과 진학이 어려운 성적을 가진 학생에게 권했던 학과입니다. 그러나 학생은 물리치료학과만을 고집했습니다. 개인적으로는 성적이 조금 낮더라도 진학해서 보건계열에 취업하기 좋은 학과라는 생각도 들었고 이런 좋은 학과와 작업치료사라는 직업을 많이 알려야겠다는 일종의 사명에 젖어(?) 모 대학 작업치료학과 교수님을 초빙하여 특강을 진행하는 등 틈나는 대로 정보를 찾기 시작했습니다.

물리치료사처럼 해외 취업이 되지 않을까 하는 생각에 검색해보았습니다. 아래 기사를 참고하세요.

우송대 졸업생, 미국 작업치료사 자격증 취득·현지 취업까지

"미국 작업치료사 면허를 취득하려면 대학에서 6년 과정을 이수하고, 작업치료사 자격시험에 합격해야 한다. 우송대 작업치료학과는 세계작업치료연맹(WFOT) 교육과정 인증을 받아, 4년의 교육과정을

그대로 미국에서도 인정받는다. 덕분에 최 씨는 졸업 후 바로 미국 서던캘리포니아대학 석사과정에 진학할 수 있었고, 미국 작업치료사 자격증까지 취득했다."

— 연합뉴스, 2020.08.26 기사 중에서

학과소개

작업치료학과는 다양한 치료활동을 이용하여 신체적, 인지적 손상, 정신적, 사회적 어려움이 있는 성인·아동들의 기능을 증진시켜 최대한 독립적으로 일상생활을 수행할 수 있도록 하고, 나아가 사회활동에 능동적으로 참여할 수 있도록 치료하고 교육하는 작업치료사를 양성하는 학과이며, 21세기 복지사회 추구, 노인 인구의 증대 등 여러 분야에서 전문 작업치료사의 필요성이 계속 증가되고 있습니다(커리어넷 학과소개 자료 인용).

조금 쉽게 설명하면 물리치료의 경우에는 일반인 중에 일상생활은 가능하지만, 손목이 아프다, 허리가 아프다, 이런 경우의 재활 활동을 돕는 것이지만 작업치료는 일상생활이 불가능하거나 거의 힘든 환자의 재활을 돕습니다. 예를 들면 컴퓨터 자판을 치는 것, 밥을 먹기 위해 숟가락을 입으로 가져가는 것, 걷는 것 등 정말 기본적이고 일상적인 활동의 치료를 위한 재활을 전문적으로 돕는 것입니다. 그리고 이를 위한 보조기구도 개발할 수 있습니다.

입시결과

연세대학교 미래캠퍼스는 2022 수시 기준 학생부교과 우수자 전형이 70%컷 3.6, 학생부종합전형이 3.4로 조금 높게 형성되어 있지만, 다른 대학교들은 그렇지 않습니다. 예를 들면 광주대학교의 경우 학생부교과(일반전형)는 70%컷 7.1, 학생부교과(지역학생) 역시 7.1입니다. 경쟁률이 높지 않습니다. 다른 대학교들도 크게 차이는 없습니다. 연세대 미래캠퍼스를 제외한다면

4~6등급대 학생들은 무난히 진학할 수 있습니다.

취업상황

최근 졸업생의 취업현황을 살펴보기 위해 광주대학교 작업치료학과 홈페이지에 방문하였습니다. 어떤 대학들은 연도를 명시하지 않고 최근 취업처를 적어놓기도 했습니다. 명확히 최근 취업현황을 알아보기 위해 몇 군데 작업치료학과 홈페이지를 방문해보았습니다.

광주대 작업치료학과 졸업생 취업현황은 다음과 같습니다. 2021년 34명이며 최근 3개년 간 30명대를 유지하고 있습니다. 2021년의 경우 재활병원과 재활의원에 13명이 취업하였고 대학병원과 종합병원 3명, 노인요양병원 8명, 각종 센터(발달장애, 치매안심, 주간보호, 어린이집) 6명, 기타 4명으로 공시되어 있습니다.

4등급대 입결을 유지하는 조선대의 경우 2021년 취업처 현황을 학과 홈페이지 메인에 공지하였습니다. 대학병원과 종합병원 5명, 국공립 병원 및 복지관 3명, 전남대학교 병원 연구직 1명, 재활병원 12명으로 공지되었습니다.

어떤 사람이 적합한가?

재활이 필요한 분을 돕는 직업이므로 봉사정신과 타인에 대한 관심이 기본 전제가 되어야 할 것 같습니다. 커리어넷 학과 인터뷰에서 방요순 교수(광주대학교 보건복지교육대학)는 이렇게 말합니다.

"작업치료는 대부분 장애를 갖고 계신 분들이 치료의 대상입니다. 따라서 건강을 위협하는 다양한 질병에 대한 관심, 호기심과 타인을 배려하는 봉사 정신을 기본적으로 필요로 합니다. 사람을 상대하는 직업인 만큼 타인의 말을 잘 들어주는, 소통 능력과 사회성이 좋은 사람이면 적합하다고 생각합니다."

학과 교육과정

연세대학교 미래캠퍼스 교육과정을 참고하겠습니다.

재활치료의 심리학적 기초, 생리학, 작업치료 기능해부학, 재활의학, 근골격계작업치료학, 정신의학, 재활심리학, 보조공학 등

고등학교 때 선택과목에 대한 조언

- 공통과목: 영어, 과학
- 일반선택과목
  - 영어교과: 영어 I, 영어 II, 영어 독해와 작문
  - 과학교과: 생명과학 I
  - 체육교과: 심리학
- 진로선택과목: 생명과학 II

생명과학을 선택하지 않았거나 문과 학생이어도 작업치료학과에 진학하는 것에는 큰 제한이 없습니다. 왜냐하면 학생부교과전형으로 학생을 선발하는 대학이 대부분이기 때문에 성적이 되고 입학 후 교육과정을 잘 따라갈 수 있으면 그것으로 충분합니다(단 일부 대학에서 학생부종합전형으로 선발하는 인원이 있기 때문에 학생부종합전형으로 작업치료학과를 진학하고 싶다면 생명과학을 선택하여 공부하는 것이 유리할 것입니다).

작업치료사에 대해 더 알고 싶다면?

서울대 병원TV | 서울대병원 김연주 작업치료사 브이로그, 작업치료사 vs 물리치료사?! 헷갈렸다면 여기 주목! | SML Vlog Ep.11

https://www.youtube.com/watch?v=qxhQhvA7G0w

3. 임상병리학과

진로쌤의 이야기

코로나19를 겪으면서 여러분이 자주 접한 직업인이 바로 임상병리사일 것입니다. 실제로 포털사이트에 '코로나 임상병리사'라는 키워드를 넣으니 코로나19의 숨은 주역이 임상병리사라는 글들이 눈에 띕니다.

역시 보건계열 분야에서 인기 있는 분야입니다. 현장에서 보면 남학생보다는 여학생들이 선호하는 것 같은데 남자 임상병리사분들도 꽤 계십니다. 혹시 임상병리사가 무엇을 하는지 잘 모르는 친구들이라면 이번 기회에 알아보도록 합시다.

학과소개

병원에 가면 소변 검사와 혈액 검사를 통해 우리 몸에 병이 있는지를 진단합니다. 이렇게 소변 검사와 혈액 검사를 수행하는 사람이 임상병리사입니다. 임상병리과는 임상 병리 검사를 잘 수행할 수 있는 유능한 임상병리사를 키우고자 합니다. 임상병리학과에서는 환자의 혈액이나 체액, 소변, 조직 등을 화학, 생물학, 물리학, 유전학적인 방법으로 분석하는 것을 배웁니다(커리어넷 학과소개 자료 인용).

관련 자료

블로그 <햇병아리 임상병리사 노트>에서 임상병리사 취업을 준비하는 분들에게 하고 싶은 말 부분을 소개합니다(https://blog.naver.com/isblgb/223031339868).

저는 지금 임상병리사로 두 번째 직장에 근무 중입니다. 두 번째 직장을 얻기까지 수십 번 지원하고 기억이 나는 것만 열 번이 넘게 면접을 보러 다녔는데요. 경력이 오래되지 않았고 면접 경험이 그렇게 많다고도 할 수 없지만 그래도 처음 취업 준비하는 분들에게 조금이라도 도움이 되지 않을까 싶어서 이렇게 적습니다.

처음에는 저도 되게 막막했던 기억이 나요. 어느 과에 지원해야 할지, 어느 병원에 지원해야 할지 몰랐어요. 다들 대학병원이 좋다고 하길래 저도 그냥 대학병원에 가고 싶었고, 과도 공부하면서 재미있었던 과목 위주로 가기로 결정한 것 같아요. 임상병리사로 취업하기 위해 이것저것 알아보면서 느낀 점은 임상병리사가 취업할 곳이 생각보다 많다는 거예요. 병리/ 생리/ 진단 검사의학, 이렇게 세 가지 파트만 있는 게 아니라 병리 안에서도 세포 병리, 분자병리, 면역 병리 등 세분화되어 있고 생리 파트는 그야말로 방대하더라고요. 심전도, 뇌파, 근전도 등등 학교에서 배우는 것 말고도 안과, 내시경실, 이비인후과, 내분비내과 등에서 임상병리사를 두루두루 채용하고 있어요. 핵의학과에서도 사람을 뽑고 있고.

어느 병원에 가느냐에 따라서도 임상병리사로 할 일이 많이 달라져요. 보통 규모가 작아질수록 한 사람이 맡는 업무가 다양하고 큰 규모로 갈수록 한 사람이 맡는 업무가 적어진다고 보시면 돼요. 한 가지 일만 하는 게 적성에 안 맞다 하시는 분들은 너무 큰 병원은 안 맞을 수도 있는 거죠. 근데 또 이것도 병원에 따라 다른 게 어느 병원은 검사나 파트 이동이 불가능한 반면에 어느 병원은 부서 안에서 검사를 돌아가면서 하고 파트도 간간이 돌아가면서 맡는 곳도 있어요. 업무 환경도 병원에 따라서 많이 달라지는데요. 진단 검사의학과로 예를 들면 나이트근무를 짜는 방식이 나이트 고정 인원을 뽑는 경우가 있고, 돌아가면서 서는 경우가 있는데, 돌아가면서 서는 경우에도 며칠에 한 번씩 설 것인가가 병원마다 달라요. 자신이 처음에 들어가는 직장이 어디든 그곳을 기준으로 다른 곳도 똑같을 거야, 라고 생각하지 않으셨으면 좋겠어요.

그리고 지원할 때는 항상 자신감을 가지고 지원하셨으면 좋겠습니다. 제가 취업을 하면서, 다른 친구들이 취업하는 걸 보면서 느낀 진리 중 하나인데, 임상병리사 취업에는 '운칠기삼'이라는 말이 진리인 것 같아요. 서류에서 요구하는 자격요건이 충족만 된다면 취업은 운이 7이고 실력이 3이에요. 성적이 낮아도 토익 점수가 없어도 경력이 없어도 운만 좋으면 돼요. 그러니까 서류에서 떨어져도, 면접에서 떨어져도 너무 낙심하지 마시고 이번에 운이 없었나 보다 하면서 자기 계발 꾸준히 하면서 계속 지원하다 보면 언젠간 붙으실 거예요. 너무 조급하게 생각하지 마세요. 제일 중요한 거예요. 다시 한번 말씀드리지만, 너무 조급하게 생각하지 마세요. 운칠기삼이니까요.

이번에는 병원에 관련된 말만 많이 했는데 병원뿐만이 아니라 제약회사, 의료기기 회사, 시약 회사, 검사 수탁업체, 동물 관련 병원이나 연구실, 보험회사 등에서도 임상병리사가 많이 필요해요. 관심을 가지고 이것저것 많이 검색하시다 보면 정말 여러 방면에서 임상병리사를 구하는구나 보이실 것이라고 생각합니다.

입시결과

임상병리학과는 물리치료학과보다 적게 설치되어 있습니다. 가톨릭관동대학교 2022 수시 입학결과를 보면 교과(일반전형)는 70%컷 4.1, 학생부종합전형은 4.8로 형성되어 있습니다. 충청북도 극동대학교는 교과전형은 70%컷 4.7, 호남대학교는 학생부교과(일반고전형)는 70%컷 5.6까지 분포합니다. 물리치료학과보다는 전반적으로 조금 낮고 작업치료학과보다는 조금 높게 성적컷이 분포하고 있다고 볼 수 있습니다.

임상병리학과 역시 물리치료학과처럼 전문대학에도 설치되어 있습니다. 특정 학년의 성적만 넣거나, 특정 교과만 넣거나, 특정 학년에 반영비율이 높은 경우들이 있으므로 자신에게 유리한 대학을 찾아볼 필요가 있습니다. 전문대학에 관한 부분은 물리치료학과 입시결과 설명 부분을 참고하면 좋겠습니다.

취업 상황

최근 졸업생의 취업 현황을 살펴보기 위해 중원대학교 임상병리학과 홈페이지에 방문하였습니다. 2022년 졸업생들의 취업 현황이 구체적으로 명시되어 있습니다. 충북대병원 임상시험센터, 씨젠, 참조은병원 진단검사의학과, 분당 서울대병원, 서울의과학연구소, 녹십자의료재단, 씨팝코리아, 차의과대학석사과정, 고려대학교 구로병원 건강검진센터 등으로 나와 있습니다.

어떤 사람이 적합한가?

커리어넷 학과 인터뷰에서 송운홍(신흥대학교 임상병리과)은 이렇게 말합니다.

"제가 경험을 해보니 문과는 어려운 것 같아요. 이과 쪽에 있는 분들이 의료와 관련한 생물학, 인체 생물학, 인체 동물학을 이해하기 쉽습니다. 왜냐하면 임상은 사람의 질병과 관계되는 부분이기 때문에 생물학에 관심이 있는 분과, 자연과학에 관심이 있는 분들은 입학하면 좋은 것 같습니다. 조금 더 범위를 넓혀보면 환경, 축산 부분까지도 관련되는 밀접한 과인 것 같아요. 따라서 생명에 관계되는 것에 관심이 있다면 상당히 좋을 것이라는 생각이 들어요."

학과 교육과정

세명대학교 교육과정을 참고하겠습니다.

임상병리학개론, 의학용어, 유기화학, 화학실험, 혈액학, 생화학, 인체생리학, 기생충학, 조직학, 미생물학, 임상면역학, 요·체액 및 실험, 조직검사학, 임상세균학 및 실험, 병리학, 수혈의학 및 실험, 공중보건학, 진균학, 의료법규 등

고등학교 때 선택과목에 대한 조언

- 공통과목: 영어, 과학
- 일반선택과목
  - 영어교과: 영어 I, 영어 II, 영어 독해와 작문
  - 과학교과: 화학 I, 생명과학 I
  - 교양교과: 심리학
- 진로선택과목: 화학 II, 생명과학 II

혹시 화학이나 생명과학을 선택하지 않았거나 문과 학생이어도 임상병리학과를 진학하는 것에는 큰 제한이 없습니다. 왜냐하면 학생부교과전형으로 학생을 선발하는 대학이 대부분이기 때문에 성적이 되고 입학 후 교육과정을 잘 따라갈 수 있으면 그것으로 충분합니다. 다만, 물리치료학과나 작업치료학과보다는 더 많은 화학적인 지식이 학과 공부하는 데 있어 요구되고 있습니다(학생부종합전형으로 선발하는 대학에 진학하고 싶다면 화학과 생명과학을 선택하여 공부하는 것이 유리할 것입니다).

임상병리사에 대해 더 알고 싶다면?

유월디: 임상병리사를 추천하는 이유 | 대학병원 15년차 | 주요업무 | 근무형태 | 워라밸 | 근무강도 |Q&A | 대학병원 솔직후기 | 직업이야기 E01 | SML Vlog Ep. 11.

https://www.youtube.com/watch?v=w8trPwb2iqQ

서울대병원TV: '보이시나요? 이게 암세포입니다' 서울대병원 병리과 24시 | 완벽한 치료의 첫걸음.

https://www.youtube.com/watch?v=w8trPwb2iqQ

4. 응급구조학과

진로쌤의 이야기

살다보니 구급차를 몇 번 타보았습니다. 처음 탄 것은 중학교에서 담임을 할 때 우리 반 학생이 급성 복통을 일으켜 움직일 수 없는 상태가 되었을 때입니다. 119에 직접 전화하고 보호자 자격으로 함께 구급차에 탔습니다. 최근 아이가 한밤중에 고열이 났을 때도 이용한 경험이 있습니다. 곁에서 구조사 님이 친절하게 대해주셔서 안심했던 기억이 있습니다. 응급구조사는 정말 중요한 직업입니다. 병원으로 이송되기 전 생명이 다급한 상황의 환자에게 응급 의료 대처를 하는 사람이기 때문입니다.

학과 소개

응급의료는 현대 사회에서 각종 불의의 사고, 재난, 질병 등으로부터 국민의 생명을 보호하고 전문적인 응급처치를 통해 응급환자에 대한 생명유지와 합병증 예방 등 보다 나은 의료 서비스를 제공함으로써 국민 건강 향상에 중요한 역할을 하고 있습니다. 이에 응급구조학과는 응급처치에 관한 과학적 의료 지식과 실무 중심의 기술을 교육하여 응급환자의 건강과 생명을 보호할 수 있는 인재 양성을 목표로 하고 있습니다. 최근 각종 사고가 늘어나면서 응급의료의 수요가 급증하여 응급구조사의 역할이 더욱 중요해지고 있습니다. 일반인에 대한 응급처치 교육을 제공해야 하는 일이 늘어나면서 현장에서 뛰는 응급구조뿐 아니라 응급처치 교육, 응급구조학 연구, 응급구조 행정관리 등 다양한 분야에 대한 탐색이 이루어지고 있습니다(커리어넷 학과소개 자료 인용).

관련 자료

① 선문대학교 블로그 | 학과소개- 응급구조사 자격증 어떻게 준비하지?(https: //blog.naver.com/sunmoonpr/222409697914)

응급구조사 자격증 취득을 위해서는 전문대학이나 대학교에서 응급구조학을 전공해야 합니다.

한국보건의료인국가시험원이 시행하는 응급구조사 1급과 2급 국가자격시험에 합격해야 하고, 2급 자격증을 취득한 뒤 3년 이상의 업무 경력을 쌓으면 1급 시험을 볼 수 있습니다. 하지만 바로 응급구조사 자격증 1급을 취득하는 방법이 있습니다.

바로 전문대학이나 대학교의 응급구조학과를 졸업하는 것입니다. 나의 최종 목표가 1급 응급구조사라고 한다면 애초에 4년제 응급구조학과 진학을 목표로 하는 게 좋겠죠? 응급구조사 자격증을 취득하면 119구급대와 종합병원, 대학병원 등 의료기관 응급실, 수술실 등으로 진출할 수 있습니다.

국가기관, 응급전문이송업체, 응급의료정보센터 등에서 일할 수 있고 스포츠 시설 업체의 안전요원, 수상 및 산악구조요원으로도 취직할 수 있어요. 법무부나 해양경찰청 등과 같은 국가기관, 응급전문이송업체, 응급의료정보센터, 일반산업체의 의무실에서도 근무할 수 있습니다.

② 과학커뮤니케이터 박종현: 국가자격증-응급구조사 자격증 시험 응시자격(응급구조사 2급/1급, 응급구조학과/양성기관(https://blog.naver.com/pso164/223028870394)

응급구조사는 1급과 2급이 있습니다. 2급의 경우 대학이 아닌 곳에서도 교육을 받고 이 교육과정을 이수하면 2급 시험을 볼 수 있는 자격을 준다고 합니다. 1급의 경우에는 대부분 대학이나 전문대학을 졸업하는 것이 따기가 수월한 것으로 보입니다. 혹은 2급 소지자가 응급구조 업무에 3년 이상 종사했을 경우에 1급 시험을 볼 수 있는 자격을 주고 있네요.

③ 세월호 사건 생존자에서 응급구조사의 삶을 사는 분의 이야기가 담긴 기사입니다(http://www.news2day.co.kr/125104).

장 씨의 원래 꿈은 아이들을 유난히 좋아했기 때문에 유치원 교사였다. 세월호 이전, 단원고 2학년 때까지만 해도 장 씨는 주변에 "장래희망은 유치원 교사"라고 서슴없이 말해왔다.

5년 전 세월호가 기울면서 가라앉기 직전, 장 씨는 먼저 선실을 빠져나간 단원고 친구들의 팔목을 잡고 배에서 탈출했다. 장 씨의 뒤에는 30인 선실에서 구조를 기다리던 친구들이 남아 있었다. 구조를 받지 못해 숨진 친구들에 대한 그리움이 그녀를 응급구조사로 만든 것이다.

장 씨는 응급구조사가 되기 전에 응급환자를 살리기도 했다. 지난해 안산 월피 소방서로 실습을 나갔을 때 호흡곤란 환자 신고를 받고 출동해 신속한 초기대응을 해서 병원으로 이송했다.

"당시 함께 출동한 119구급대원들의 지시로 심폐소생술을 했는데 곧 환자의 심장 리듬이 돌아왔다"며 "세월호 침몰 때도 초기대응만 잘했으면 더 많은 친구가 살았을 것"이라며 아쉬워 했다. 장 씨는 119구급대원이 되는 것이 목표다. 그러나 응급구조사 소방공무원 특채가 없어져 119대원이 되기까지는 시간이 걸린다. 그는 "무경력자를 뽑지 않겠다는 취지는 이해하지만, 갑자기 특채가 없어져 응급구조과 학생들이 당황스럽다"면서 "우선 병원 등의 의료기관에 들어가 응급구조사로서 최선을 다할 계획"이라고 밝혔다.

— 뉴스투데이, 2019. 04.16 기사 중에서

입시결과

강원대학교는 2022 수시 기준 학생부 교과 70%컷 3.8입니다. 나사렛대학교는 학생부교과 70%컷 4.0입니다. 한국교통대학교는 학생부종합전형 70%컷 4.4, 호남대학교는 학생부 교과 70%컷 5.7입니다.

전문대학에도 응급구조학과가 설치되어 있습니다. 광주의 동강대학교는 수시 1차에서 최종합격자 평균등급이 6.4입니다. 전문대학은 앞서 설명했다시피 성적산출기준이 4년제 대학과 다른 곳이 많습니다. 전문대학끼리도 상이합니다. 동강대의 경우 2024 입학전형 시행계획을 살펴보았을 때 일반고 학생의 경우 학생부 100%인데 2학년 성적만 산입한다고 발표하였습니다. 단 교과성적을 80%, 출결을 20% 반영하고 있습니다. 1학년 때 성적이 낮다고 좌절할 필요는 없습니다.

대전보건대학교의 경우 2024 입학전형 시행계획을 살펴보면 일반고 학생은 학생부 100%인데 1학년 1학기부터 3학년 1학기 5개 학기 중 최우수 2개 학기만 반영합니다. 대신 전 과목을 반영합니다. 2022 수시 성적은 수시 1차에서 평균 6.78이었습니다.

취업 상황

최근 졸업생의 취업 현황을 살펴보기 위해 호남대학교 응급학과 홈페이지에 방문하였습니다. 2022년 졸업생들의 취업률은 81.8%로 공시되어 있습니다. 전주기전대학교 응급구조과 홈페이지를 들어가면 팝업창에 소방 및 해양경찰, 법무부 교도관 공무원으로 합격한 졸업자 명단이 공개되어 있으며 졸업생 중 1명이 1급 응급구조사 국가고시 수석을 했다는 기사도 걸려 있습니다.

어떤 사람이 적합한가?

커리어넷 학과 인터뷰에서 최혜경(을지대학교 보건과학대학)은 이렇게 이야기합니다.

"밝고 긍정적인 성격과 평소 솔선수범하고 봉사하는 것을 좋아하며 강인한 체력을 바탕으로 활동적인 사람, 급박한 상황 속에서 환자에 따른 이해와 처치가 요구되기 때문에 판단력, 순발력, 문제 해결 능력을 지닌 사람이 응급구조학과에 진학하면 적응을 잘할 것 같습니다. 무엇보다 인간에 대한 사랑은 기본입니다."

학과 교육과정

건양대학교 교육과정을 참고하겠습니다.

응급구조학개론, 의학용어, 인체해부학, 응급의료 장비 운영, 생리학, 응급처치 및 실습, 병리학, 구조와 이송, 전문 외상등급 처치학 및 실습, 임상현장 실습, 전문내과 응급 처치학, 재난관리학, 환경응급, 전문심장구조학 및 실습, 소방학개론 등

고등학교 때 선택과목에 대한 조언

- 공통과목: 영어, 과학, 체육
- 일반선택과목: 영어교과: 영어 I , 영어 II, 영어 독해와 작문
  - 과학교과: 화학 I , 생명과학 I
  - 체육교과: 체육, 운동과 건강
- 진로선택과목: 생명과학 II, 스포츠생활, 체육탐구

생명과학을 선택하지 않았거나 문과 학생이어도 응급구조학과에 진학하는 것에는 큰 제한이 없습니다. 왜냐하면 학생부교과전형으로 학생을 선발하는 대학이 대부분이기 때문에 성적이 되고 입학 후 교육과정을 잘 따라갈

수 있으면 그것으로 충분합니다. 다만, 생명과학을 배워두고 관심 두는 것이 입학 후 공부하는 데 유리할 것 같습니다(단 일부 대학에서 학생부종합전형으로 선발하는 인원이 있기 때문에 학생부종합전형으로 응급구조학과를 진학하고 싶다면 생명과학을 선택하여 공부하는 것이 유리할 것입니다).

임상병리사에 대해 더 알고 싶다면?

대구가톨릭대학교병원: [오늘도 출근]대학병원 응급실에 가면 가장 먼저 만나는 사람은 누구일까? 응급구조사의 하루 일과[대구가톨릭대병원]. https://www.youtube.com/watch?v=T-ZEk0pvnpk

EBS Documentary (EBS 다큐) Extreme JOB, 응급구조사 1부. https://www.youtube.com/watch?v=6hiLrSJTXEY

대전보건대학교: [졸업생 인터뷰]삼성전자 응급구조사. https://www. youtube.com/watch?v=4aO17SZqhqk

5. 언어치료학과

진로쌤의 이야기

진로상담실에 여러 가지 홍보책자가 옵니다. 어느 날 보니 모 대학의 언어치료학과에서 부채를 홍보자료로 보냈더라구요. 자세히 읽어보니 취업률이 80%라고 적혀 있어 관심을 갖고 정보를 찾아보았습니다. 언어치료는 언어발달이 늦은 아이들을 치료하는 것으로만 생각했는데 언어치료의 범위가 생각보다 넓다는 걸 알게 되었습니다. 예를 들면 급작스럽게 뇌졸중으로 쓰러진 분 중에 일상 언어생활이 어려운 경우들도 언어치료사분들이 치료를 담당하고 있더군요. 또 다문화가정의 자녀들 언어 발달 교육에도 참여하고 계십니다. 다문화 사회가 된 요즘 언어치료의 범위가 더 넓어졌다고도 볼 수 있습니다.

학과소개

언어치료학과는 말-언어와 관련된 의사소통 과정에 장애가 있는 아동과 성인들이 다양한 언어치료 과정을 통해 효율적인 의사소통 참여자로 활동할 수 있도록 치료·교육하는 언어치료사 및 언어임상 전문가 양성을 교육목표로 합니다. 언어발달장애, 조음장애, 음성장애, 말더듬, 청각장애, 실어증 등 다양한 장애영역에서 의사소통에 어려움을 겪는 아동과 성인의 특성을 이해하여 진단 및 치료 능력을 갖춘 언어재활 전문가를 양성하는 학과입니다(커리어넷 학과소개 자료 인용).

관련 자료

블로그 <best vibes here>의 '이 직업 매력은? 현실기반 직업인터뷰(언어치료사-언어재활사)'를 소개합니다(https://blog.naver.com/subins7522/222440798044).

오늘은 언어재활사(언어치료사)분과의 인터뷰를 준비했습니다. 정말 많은 요청을 받은 직업이고 많은 분이 관심을 갖고 계시는 직업인데요. 이 영상이 언어재활사를 꿈꾸시는 분들에게 도움이 되었으면 좋겠습니다. 감사합니다.

Q. 언어재활사와 언어치료사는 같은 뜻?

법적으로는 언어재활사가 맏는 표기이지만 아직 치료사와 많이 혼용해서 많이 쓰입니다.

Q. 언어재활사는 어떤 직업인가요?

생활에 지장을 받을 정도로 의사소통에 어려움이 있는 분들을 위한 직업입니다. 크게 나누자면 발달단계의 어린아이들 같은 경우는 언어를 아직 습득하지 않았는데 배우는 게 느려서 어려움을 겪는 아이들이 있고, 인지재활분야는 나중에 사고나 뇌손상 혹은 후천적으로 어려움이 생길 경우에 도와드리는 게 언어재활사의 역할입니다.

Q. 언어재활사의 매력은?

일하면서 배우는 게 많은 직업이 있다고 생각하는데 이 일은 지루할 틈이 없는 일인 것 같아요. 아이들 만날 때마다 다르고 매번 도전이 되고 재밌어요. 그리고 되게 전문적인 직업이에요. 언어재활사에 대해 오해를 많이 하시는데 공부를 되게 많이 해야 하는 직업이고, 많이 할수록 남들이 줄 수 없는 전문적인 테크닉과 지식을 나눠 줄 수 있고 그에 따라서 그 사람의 삶에 많은 변화를 일으켜 줄 수 있어요.

근데 어느 정도 보상을 받기에 봉사직으로는 생각하지 않아요. 하지만 남들이 못 하는 분야를 도와줄 수 있고, 특별한 그 부분에서 느끼는 보람이 있어요.

언어재활사분의 생생한 인터뷰가 어땠나요? 저는 자부심을 많이 느끼게 되었고 공부하기 어려운 시기에 많은 소망이 되었던 것 같습니다. 저도 사실 회사에 근무하면서 컴퓨터 앞에 앉아 반복적인 일상에 힘들어한 적이 많거든요. 연차가 올라가면 연봉은 오르겠지만 마음속에 허전함과 겉모습만 좋은 직업에 회의감을 느끼고 돈보다 더 중요한 것이 있다고 깨달았어요. 그러던 중 발견한 직업이거든요!

그러한 점에서 언어재활사라는 직업은 참 매력이 있어요. 내가 일하면서 가치관도 성장할 수 있고 자아실현도 이룰 수 있으니까요.

입시결과

조선대학교는 학생부교과는 2022 수시 기준 70%컷 5.2, 학생부종합전형(면접전형)은 70%컷 4.8, 학생부종합(서류전형)은 70%컷 4.8입니다. 대구대학교는 학생부교과가 70%컷 3.0, 학생부종합(서류전형)이 70%컷 4.1입니다. 동신대학교는 학생부교과가 70%컷 6.3입니다.

전문대학에도 언어치료과가 설치되어 있습니다. 대림대학교 수시 1차의 경우 일반고 전형은 합격자 평균등급은 5.5, 최저등급은 7.9입니다. 성적산출은 학생부 성적 1학년 1학기부터 3학년 1학기 5개 학기 중 우수 2개 학기 전 과목 석차등급을 반영하며 출석성적은 1, 2학년 미인정 부분에 대해 산입하고 있습니다. 교과성적 80%, 출결 20%를 반영합니다.

취업상황

실질적인 최근 졸업생의 취업 현황을 살펴보기 위해 동신대학교 언어치료학과 홈페이지에 방문하였습니다. 우수취업사례 공개된 것을 보면 의료시설

쪽으로 부천성모병원, 광명병원, 서울아산병원, 서울보아스이비인후과, 수원더웰병원, 빛고을여성병원, 광주희망병원, 엔탑이비인후과, 김양박이비인후과, 첨단종합병원으로 명시되어 있고 언어치료센터 쪽으로는 목동아동발달센터, 성남분당 키드카언어발달센터, 진주언어심리센터, 원민우아동발달센터, 나주언어심리상담센터, 부산우리두리 아동청소년발달센터, 언어심리학습클리 마음더하기, 순철제일아동발달센터로 나와 있습니다. 기타 11명이 언어치료센터를 개원하였고 학교나 교육청(대불초, 해남교육지원청, 보성교육지원청, 나주교육지원청)에 4명이 취업했습니다. 그 외 복지시설 4명(장애인종합복지관), 장애 및 통합어린이집 4명, 다문화가족지원센터(광주북구다문화가족지원센터 외)로는 7명이 취업했습니다.

우송대학교 언어치료학과 홈페이지 졸업후 진로 부분에서는 언어재활사가 졸업 후 몇 년 뒤에 어떤 식으로 성장하는지를 보여주는 표가 있습니다.

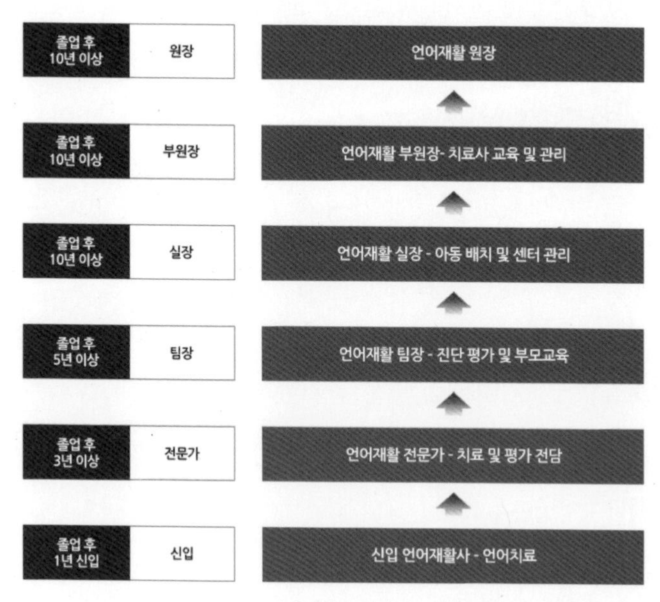

— 우송대학교 언어치료청각재활학과 홈페이지 참조

언어재활사도 1급과 2급으로 나뉘고 있습니다. 2급의 경우 언어재활과 관련한 학과를 졸업한 사람이면 시험에 응시하여 딸 수 있습니다. 언어재활사 1급은 언어재활 관련 학과 학사학위(4년제 대학)를 취득한 사람이 3년의 경력이 있거나, 언어재활관련 대학원학위를 취득한 사람이 1년의 언어재활 관련 경력을 쌓은 경우 응시하여 딸 수 있습니다.

어떤 사람이 적합한가?

커리어넷 학과 인터뷰에서 이희란 교수(부산가톨릭대학교 보건과학대학)는 이렇게 말합니다.

"다른 사람과 소통하기를 즐겨 하고, 공감 능력이 있는 학생이라면 의사소통과 학과 장애라는 학문에 대한 적성이 충분합니다. 특히 컴퓨터나 디지털 미디어에 익숙한 학생이라면 의사소통에 어려움이 있는 사람들을 보완적으로 돕는 시스템을 개발하는 데 기여할 수도 있을 것입니다. 최근에 언어치료 분야에서도 AR, VR 등의 첨단 산업 관련 기술이 접목되어 많은 미래지향적 인력 수급이 이루어지고 있습니다."

학과 교육과정

고신대학교 교육과정을 참고하겠습니다.

의사소통장애개론, 언어기관 해부생리, 장애아동의 이해, 청각학개론, 언어학, 음운론, 말과학, 조음음운장애, 발달장애언어재활, 신경언어장애, 말운동장애, 노화와 의사소통, 언어재활실습 등

고등학교 때 선택과목에 대한 조언

- 공통과목: 국어, 사회, 기술·가정

- 일반선택과목
  - 국어교과: 언어와 매체, 화법과 작문, 독서, 문학
  - 사회교과: 사회문화, 생활과 윤리, 윤리와 사상, 세계사, 경제
  - 생활·교양교과: 교육학, 심리학, 철학, 논리학, 논술, 정보
- 진로선택과목: 사회문제 탐구, 심화국어, 고전읽기, 고전과 윤리, 여행지리

이건 어디까지나 보편적인 예시안입니다. 학과 인터뷰를 보면 국어교과의 능력을 강조하고 있습니다. 국어는 기본적으로 많이 배우는 교과이지만 '언어와 매체' 과목의 음운 파트를 공부해두면 더 도움이 될 것입니다. 사실 학생부교과전형으로 학생을 선발하는 대학이 대부분이기 때문에 교과전형으로 대학에 입학하고자 한다면 일단 전체적인 성적이 되고 입학 후 교육과정을 잘 따라갈 수 있으면 그것으로 충분합니다(단, 일부 대학에서 학생부종합전형으로 선발하는 인원이 있기 때문에 학생부종합전형으로 언어치료학과를 진학하고 싶다면 국어 성적을 잘 받아두고 특히 언어와 매체, 화법과 작문 모두를 선택하여 공부해두는 것이 유리할 것입니다. 화작과 언매 2개를 선택하기 버겁지만 학종 준비를 하고 있다면 언어와 매체는 꼭 해두시길 추천합니다).

선택과목 팁!

조음음운장애와 고등학교 언어와 매체 과목

— 언어치료학과 희망중인 학생인데 언어치료학과에서 배우는 과목 중 하나인 조음음운장애가 고등학교 때 배우는 언어와 매체와 관련성이 있나요?(2022. 9. 10)

— 음운 체계와 음운 변동의 활용, 품사 분류의 활용, 단어의 짜임과 새말의 형성, 단어의 의미 관계의 활용, 문장의 짜임과 쓰임, 국어의 로마자 표기법, 외래어 표기법, 문법 요소의 활용, 담화(개념, 구성 요소, 맥락)의 활용, 국어 자료의 시대별 특성(고대, 중세, 근대), 국어 자료의 사회적 특성, 국어 자료의 갈래별 특성, 국어 규범 대

충 이런 내용을 배우는데 공부해놓으면 나중에 대학에서 공부할 때 도움이 될까요?(2022.9. 21)

(답변자: 말더듬, 음성, 발음, 언어지연 전문치료 언어치료학 학사&석사 /언어치료전문 경력 28년(단국대학병원 8년 근무, 현 조인상언어치료상담센터장)
언어와 매체 내용이 구체적으로 어떠한지 잘 모르겠으나 아마도 표기법, 음운 체계와 음운 변동 등의 내용을 담고 있다면 조음음운장애를 이해하는 데 도움이 됩니다. 언어치료를 전공할 것이면 충분히 도움이 됩니다(2022.09.19.).
언어발달지연 문제와 조음발달 문제 등에 있어서 중복되거나 비슷한 내용이 있으니까 열심히 하세요. ^^(2022.09.21.)

— 출처: 네이버 지식인

언어재활사에 대해 더 알고 싶다면?

KSLP_(사)한국언어재활사협회: 우리는 언어재활사입니다 | 언어재활사의 모든 것을 알려드립니다.
https://www.youtube.com/watch?v=-rcpwY-LRik

언어발전소 언어치료: 재활의학과 언어치료사의 하루 | 종합병원 언어재활사 브이로그 | 소독으로 시작해 청소로 끝나는 일상.
https://www.youtube.com/watch?v=yk8qRmXJ8_g

6. 특수교육학과

진로쌤의 이야기

요즘에는 웬만한 학교에 특수학급이 존재합니다. 특수교사분들과 동료로 일하면서 궁금증도 생기고 특수교사의 업무도 자세히 살펴보게 되었고 이야기를 나누면서 특수교육과에 대해 더 관심을 갖고 정보를 수집하게 되었습니다. 특수교사가 되기 위해서는 특수교사를 선발하는 임용고시에 합격해야 합니다. 그런데 이 임용고시는 특수교육학과 졸업 예정자와 졸업자에게만 시험을 칠 자격이 주어집니다.

학과소개

'빛을 못 보는 사람보다 마음속에 빛을 갖고 있지 않은 사람이 더 불행합니다.' 시각·청각 장애를 가진 헬렌 켈러를 바깥세상으로 이끌어 준 것은 설리번 선생님의 헌신적인 교육이었습니다. 특수교육학과는 신체적·정신적으로 불편한 학생들의 개별적인 욕구를 파악하여, 적절하고 효율적으로 교육 서비스를 제공하는 방법에 대해 공부합니다.

특수교육학과는 특별한 학생들이 비장애인들과 더불어 살아갈 수 있도록 도와줄 수 있는 특수교육 전문가를 양성하는 곳입니다. 특수교육학과는 학생들의 특수성을 고려하여 교육학뿐 아니라 의학, 심리학, 철학, 생리학, 물리치료, 언어치료 등 다양한 학문을 종합적으로 배웁니다. 한국은 복지국가를 지향하고 있고, 앞으로 장애아동에 대한 교육은 점점 확대될 것이므로 학과의 전망은 밝을 것으로 기대됩니다(커리어넷 학과소개 자료 인용).

관련자료

현직 특수교사가 알려주는 특수교육과의 모든 것!

유아특수교육과, 초등특수교육과, 중등특수교육과에 대해 자세하게 차이점을 설명하고 있습니다. 만약 유아, 초등, 중등이라는 명칭이 붙어 있지 않고 '특수교육과'라고만 되어 있는 경우는 대학마다 교육과정이 다르므로 반드시 알아보고 진학해야 합니다. 예를 들면 조선대학교 특수교육과는 초등심화 과정을 이수하면 초등특수교사가 될 수 있고, 중등특수교사의 경우에는 타 학과를 복수 혹은 부전공을 해야 합니다. 전남대학교 특수교육과는 초등특수, 중등특수, 유아특수 전공을 나뉘어집니다. 나사렛대학교의 경우에는 특수교육과에서 초등특수과정만을 전공하고 있습니다. 그러므로 진학하고자 하는 대학의 교과과정을 학과 홈페이지를 통해 반드시 살펴보아야 합니다.

입시결과

백석대학교 특수교육과는 2022 수시 기준 교과전형 70%컷 5.2입니다. 전주대학교 특수교육과는 70%컷 5.3입니다. 단국대학교 교과전형은 70%컷 2.6, 학생부종합(서류전형)은 70%컷 2.5, 중부대 초등특수교육전공은 학생부교과(학교생활우수자전형) 70%컷 4.0, 전남대 특수교육과 학생부교과(일반) 전형은 70%컷 3.0입니다. 남부대학교 초등특수교육과는 학생부 교과(일반학생전형) 70%컷 5.7, 광주여자대학교 특수교육과(중등특수교육전공)는 학생부 교과(일반학생전형) 70%컷 4.7입니다. 대학에 따라 2등급 중반대에서 5등급대까지 다양하게 분포되어 있는 것이 특징입니다.

취업상황

최근 졸업생의 취업 현황 및 임용고시 합격현황을 살펴보기 위해 남부대학교 초등특수교육과 홈페이지에 방문하였습니다. 2021학년도 공립 초등특수교사 임용고시에서 15명의 합격자를 배출하였다는 공지사항의 글이 눈에 띕니다. 단, 이 합격자들이 그해 졸업생에 재수나 삼수 등 N수생이 포함된 합격 인원임을 감안해야 합니다. 입학안내 메뉴에 자랑스런 선배라는 곳을 클릭하면 최근 합격자들 몇 분의 소속학교와 소감을 읽을 수 있습니다.

전주대 특수교육학과 홈페이지를 방문하면 팝업창에 2019년, 2020년, 2021년, 3년 연속 전북 임용고시 수석을 배출하고 2019년에 18명, 2020년에 21명, 2021년에 14명의 합격자를 배출하였다는 소식을 공지하였습니다. 또 다른 팝업창에는 2022학년도에 19명의 합격자가 배출되었다는 내용도 있습니다. 이것 역시 N수생이 포함된 합격인원이겠지만, 적지 않은 숫자입니다. 왜냐하면 임용고시 경쟁률이 날로 치열해지는 상황이기 때문입니다(학령인구 감소에 따른 교사 임용 정원 감소).

학과 전망에 대해서는 향후 10년간 '다소 증가'로 예측하는 데이터(워크넷-직업정보-한국직업전망-특수학교사 일자리 전망)도 있습니다. 특수학급 증설하겠다는 전 정부의 발표가 있었고 현장의 체감도도 그러함을 느낍니다. 최근 특수학급 증가율이 둔화 추세라고 하지만 확실한 것은 증가추세라는 겁니다. 물론 언젠가는 학령인구 감소에 따른 학교 통폐합이 된다면 (당장은 아니더라도) 특수학급 숫자도 줄어들 것입니다. 다만, 특수교육과는 임용고시를 통해 학교 교사가 되는 진로를 포함하여 장애인평생교육센터나 보조기기공학센터, 장애인고용공단 등에도 취업할 수 있기 때문에 여타 다른 사범대에 비하여 취업 형편이 나쁜 편은 아니라고 볼 수 있습니다.

2022년 중등 임용고시 경쟁률에 대해 이야기해 보겠습니다. 전국적으로 국어교사는 418명, 중등특수를 533명 선발하였습니다. 그러나 국어교육과 배출 인원이 많다는 것을 감안하고, 특수교육과는 국어교육과에 비해 배출 인원이 훨씬 적다는 것을 생각한다면 경쟁률을 특수교육이 국어교육에 비해 꽤 낮은 편이라고 말할 수 있습니다. 실제로 전국 경쟁률 평균이 국어는 대략 14대 1, 특수는 대략 6대 1선이었습니다.

참고로 2022 임용고시 경쟁률은 다음과 같습니다.

역사 15.72대 1, 국어 14.75대 1, 음악 14.49대1, 영어 12.70대 1, 수학 10.35대 1, 생물 9.79대1, 미술 9.25대1, 중등특수 6.32대1, 도덕윤리 4.55대 1, 기술 2.85대 1, 보건 4.57대1, 사서 4.26대1, 영양 3.80대 1, 상담 3.43대1

어떤 사람이 적합한가?

커리어넷 학과 인터뷰에서 최민숙 교수(백석대학교 유아특수교육과)는 이렇게 표현합니다.

"아무래도 장애 영유아를 가르쳐야 하기 때문에 인간에 대한 관심과 인간에 대한 기본적인 사랑 이런 것들이 구비된 학생들이 우리 과에 오면 아무래도 공부하는 데 도움이 많이 될 것 같습니다. 우리는 장애 영유아를 가르치는 학생들을 양성하는 학과이기 때문에 과에 오면 가장 중요하게 배워야 하는 학습 내용은 다양한 장애 유형에 대해서 배우고 이러한 다양한 장애 유형을 가진 아동들을 어떻게 교육하는지 교육 방법에 대해서 배우는 것이 아마 중요한 학습 내용이 될 것 같습니다."

학과 교육과정

공주대학교 교육과정을 참고하겠습니다.

특수교육학개론, 특수교육교육과정론, 중도중복장애교육, 특수교육공학, 장애인직업재활, 장애아부모교육 및 상담, 정서 행동장애교육, 구어 수어교육실습, 언어 평가 및 중재, 건강장애아교육, 심리재활지도실습, 전공심화과정 등

고등학교 때 선택과목에 대한 조언

- 공통과목: 영어, 윤리
- 일반선택과목
  - 영어교과
  - 체육 예술교과: 음악, 미술, 연극
  - 사회교과: 생활과 윤리, 윤리와 사상
  - 교양교과: 철학, 심리학, 교육학
- 진로선택: 음악연주, 미술창작

커리어넷 학과 인터뷰에도 명시되어 있지만 특정한 과목을 꼭 집어 잘해야 한다고 하지는 않습니다. 다만 임용고시를 염두에 두고 대학 교육과정을 잘 따라갈 필요가 있다면 전반적인 학업능력이나 공부습관이 좋아야 합니다.

특수교사에 대해 더 알고 싶다면?

하이머스타드: 환장하게 행복한 아이들과의 학교생활 vlog
https://www.youtube.com/watch?v=K0HSuvQN4LU

당장만나: 특수교사 그가 은퇴를 꿈꾸는 이유_특수교사 권용덕(with 원샷한솔_[장애이해 장애인식])-특수학교와 특수학급에 대한 자세한 설명이 나옵니다. https://www.youtube.com/watch?v=sVHAxTGTphw

특부심 가득한 특수교사 마이쏭: 16년 교직생활 중 가장 힘들었던 학생 유형과 대처 방법 | 초등특수 | 특수교육 | 특수학급)-현직 특수교사의 생생한 현장 이야기. https://www.youtube.com/watch?v=cxlyXCAM7no

7. 냉동공조공학과

진로쌤의 이야기

지역 한 대학의 학과들을 살펴보다가 너무 낯선 이름이 있어서 정보를 수집했습니다. 냉동공조공학과! 냉동공조공학과로 따로 처음부터 학과를 모집하는 경우는 부산의 동명대학교와 전남대학교 여수캠퍼스, 부산의 한국해양대학교뿐입니다(부경대의 경우에는 에너지수송시스템공학부-냉동공조공학 전공으로 선발하고 있습니다). 이 정도라면 뭔가 희소성이 있지 않을까, 라는 생각으로 정보를 찾았는데 확실히 메리트가 있다고 판단하였습니다. 학생들에게 진학을 권유하였을 때 냉동공조라는 이름을 낯설어하는 친구도 있고 취업상황을 보고 관심 갖는 친구들도 있었습니다.

학과소개

공간의 쾌적한 환경을 만들고 다루는 기술을 배우는 학문이 냉동공조공학입니다. 첨단 산업인 반도체, 로봇, 컴퓨터 등 각종 제품과 장비 생산을 비롯해 품질 향상을 위한 공간, 항공기·인공위성·우주 정거장에서의 첨단 장치의 작동 유지, 인간의 생활 공간을 최적의 상태로 만들어 주는 기술에 이르기까지 활용되는 분야가 넓습니다. 냉동공조공학과는 냉동 및 공조 분야의 종합적 설계와 운용 능력을 갖춘 인재 양성을 교육 목표로 하고 있습니다.

반도체나 첨단 제품을 만들기 위해서는 미세한 먼지 하나 없는 공간을 만들고 이 공간 안에서 제품 생산이 원활하게 이루어질 수 있는 환경을 만들어야 합니다. 냉동공조 공학은 이러한 첨단 분야뿐만 아니라 대형 선박이나 건물의 공조설비나 에어컨에 이르기까지 활용되는 분야가 다양합니다. 최근에는 사물인터넷, IT, 컴퓨터, 네트워크, 데이터 분석 기술이 개발되고 사용되고 있습니다.

평소 기계장치나 각종 설비, 특히 어떠한 장소나 공간 자체에 관심이 많은 사람에게 유리합니다. 냉동공조공학은 건축물 또는 공간의 도면을 보고 이해할 수 있는 공간지각능력과 다양한 문제를 기계, 건축, 설비, 공조장치, 배관 등의 관련 기술을 기반으로 해결하기 위한 지식과 논리적이고 합리적 사고 능력이 필요합니다(커리어넷 학과소개 자료 인용).

관련 자료

① 냉동공조라는 분야가 생소한 분야라서 신문기사 한 개 읽어보고자 합니다(https://www.yna.co.kr/view/AKR20230306018800003?input=1195m).

LG전자 시스템 에어컨, 美 냉동공조협회상 6년 연속 받아

LG전자가 미국 냉동공조협회(AHRI)가 주는 '퍼포먼스 어워드'를 6년 연속 수상했다고 6일 밝혔다. 1953년 출범한 AHRI는 350여 개 글로벌 에어컨 제조업체가 가입한 협회로, 글로벌 시험인증기관 인터텍(Intertek) 등 분야별 지정시험기관을 통해 각 제조사의 제품을 제품군별로 무작위 선정, 평가한다. 평가 대상이 된 모든 제품이 최근 3년 연속으로 1차 성능 평가를 통과해야만 제품군 단위로 수여되는 퍼포먼스 어워드를 받을 수 있다.

LG전자에서는 2020~2022년 3년간 평가 대상으로 선정된 67개 제품이 모두 성능 평가를 통과했다. 작년에는 대용량 시스템 에어컨(VRF) 등 6개 제품군에서 이상을 받았고, 올해는 에너지 회수형 환기장치(ERV)가 추가되면서 수상 제품군이 7개로 늘었다.

이번에 처음으로 퍼포먼스 어워드를 수상한 LG전자 에너지 회수형 환기장치(LG ERV)는 실내 공기를 바깥으로 배출하고 필터를 거친 깨끗한 외부 공기를 실내로 공급해 준다. 전열교환기를 탑재해 외부로 배출되는 공기의 열 손실을 대폭 줄여줘 냉난방비 절감에 도움이 된다고 LG전자는 설명했다.

이재성 LG전자 H&A사업본부 에어솔루션사업부장(부사장)은 "글로벌 시장에서 인정받은 앞선 공조 기술력을 바탕으로 실내 공기를 더욱 쾌적하게 관리하면서 에너지는 아껴주는 차별화된 고객경험을 제공하겠다"고 말했다.

— 연합뉴스, 2023. 03. 06.기사 중에서

② 한국냉동공조산업협회라는 홈페이지도 있습니다(http://www.ref.or.kr/).

③ 냉동공조공학과에 입학하면 공조냉동기계기사 자격증을 취득할 수 있

<기술 기능 분야>

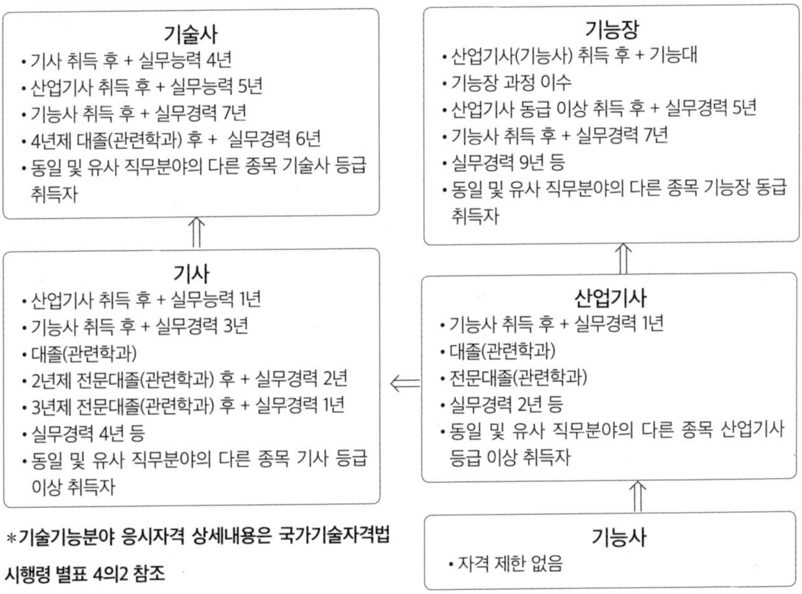

기술사
- 기사 취득 후 + 실무능력 4년
- 산업기사 취득 후 + 실무능력 5년
- 기능사 취득 후 + 실무경력 7년
- 4년제 대졸(관련학과) 후 + 실무경력 6년
- 동일 및 유사 직무분야의 다른 종목 기술사 등급 취득자

⇑

기사
- 산업기사 취득 후 + 실무능력 1년
- 기능사 취득 후 + 실무경력 3년
- 대졸(관련학과)
- 2년제 전문대졸(관련학과) 후 + 실무경력 2년
- 3년제 전문대졸(관련학과) 후 + 실무경력 1년
- 실무경력 4년 등
- 동일 및 유사 직무분야의 다른 종목 기사 등급 이상 취득자

⇐

기능장
- 산업기사(기능사) 취득 후 + 기능대
- 기능장 과정 이수
- 산업기사 동급 이상 취득 후 + 실무경력 5년
- 기능사 취득 후 + 실무경력 7년
- 실무경력 9년 등
- 동일 및 유사 직무분야의 다른 종목 기능장 동급 취득자

⇑

산업기사
- 기능사 취득 후 + 실무경력 1년
- 대졸(관련학과)
- 전문대졸(관련학과)
- 실무경력 2년 등
- 동일 및 유사 직무분야의 다른 종목 산업기사 등급 이상 취득자

⇑

기능사
- 자격 제한 없음

***기술기능분야 응시자격 상세내용은 국가기술자격법 시행령 별표 4의2 참조**

습니다. 국가기술자격은 기능사-산업기사-기사-기능장-기술사의 순서인데 기능사가 낮은 자격이고 기술사가 가장 높은 자격입니다. 이것들의 구분과 응시 자격에 대해서는 이렇게 정리한 내용이 있어 발췌합니다(https://www.q-net.or.kr/crf006.do?id=crf00613&gSite=Q&gId=/ 한국산업인력공단, 국가기술자격제도-응시자격조건체계).

④ 동명대학교 냉동공조학과 홈페이지에는 냉동공조 산업의 역할에 대해 다음과 같이 나타냈습니다.

냉동공조 산업의 역할				
종합기술산업 기계 전기, 화학공업 등의 종합응용산업 기술산업	산업전용 생산설비산업 반도체클린품 및 항온항습 제약공장의 제습 및 냉각 금속공장의 열처리 및 냉각	지구환경보존산업 비프레온물질 고효율의 열유체기	생산성 향상 지원산업 쾌적한 주거, 산업 환경	각종 산업의 지원형 산업 1차: 농축수산 2차: 기계제작 및 조작 3차: 서비스 및 유통 극저온 및 초정밀

입시결과

한국해양대학교 2022 수시 기준 학생부교과전형은 70%컷 3.7이고 경쟁률이 3.33대 1이었습니다. 동명대학교 학생부교과전형은 70%컷 5.0이고 경쟁률은 3.75대 1입니다. 전남대학교 여수캠퍼스는 학생부교과전형 70%컷 5.4이고 경쟁률은 4.75대 1입니다.

취업상황

최근 졸업생의 취업현황을 살펴보기 위해 3개 대학 냉동공조공학과 홈페이지를 다 방문하였습니다.

먼저 한국해양대학교 기계공학부-냉동공조공학전공. 2020년 2월 및 2019년 8월 졸업자 취업률은 50%, 2019년 2월 및 2018년 8월 졸업자 취업률을 72%입니다. 주요 취업처는 LG전자, 삼성전자, 대우조선해양, 삼성중공업, 두산중공업, 현대중공업, (주) STX, 한화건설, 한진중공업, 포스코플랜텍, 동부제철 등의 대기업, 한국수력원자력, 한국전력공사, 한국지역난방공사와 같은 매우 우수한 공공기관이라고 명시되어 있습니다.

동명대학교 냉동공조공학과의 경우 2022학년도 2월 졸업생 취업률 84%, 2023년 2월 졸업예정자 취업률 51%로 명시하였습니다. 졸업후 진로는 민간기업(생활가전: 삼성전자, LG전자, 캐리어, 위니아전자 등, 가정용 보일러: 귀뚜라미그룹, 대성쎌틱에너시스, 린나이 등, 자동차용 공조시스템: 현대-기아차그룹, GM Korea, 한온시스템 등, 산업용 냉난방 시스템: 신성엔지니어링, 트레인코리아 등, 식품전문업체: 농심, 빙그레, 롯데제과, 해태제과 및 각종 주류업체 등, 석유화학: LG화학, GS칼텍스, 롯데케미칼, 금호석유화학, 한화케미칼 등, 제철: 포스코, 현대제철 등, 조선용 냉난방 시스템: 현대중공업그룹, 삼성중공업, DSME, 대한조선, 하이에어코리아 등, 반도체, 의약(바이오)용 클린룸(cleanroom) 전문업체, 신재생에너지 전문기업, 열교환기 전문기업)과 공기업(국수력원자력 외 다수의 발전회사, 한국지역난방공사, 한국가스공사, 한국공항공사, 한국마사회 외 등 다수) 및 군무원 기술직 공무원으로 명시하고 있습니다.

전남대학교 여수캠퍼스 냉동공조공학과 취업 및 진로 메뉴에서 다음과 같이 기록하여 두었습니다.

약 27년 역사 동안 700여 명의 학과 졸업생 중 일부는 국내외 대학원 석·박사 과정 수료 후 한국생산기술연구원, 냉동공조기기 연구 조합, 한국가스안전공사, 지역냉난방공사, 한국식품개발원, 에너지관리공단 등의 연구원으로 그리고 일본 미쯔비씨 전기, 삼성전자, LG전자, 현대자동차, 대우전자 등 대기업의 냉동공조 분야 연구소에 근무하고 있습니다. 대학원을 진학하지 않은 졸업생은 국내외 대표적인 냉동공조기계 및 차량용 에어컨을 생산하는 삼성중공업, 현대중공업, (주)만도기계, (주)한라공조, (주)두원공조, (주)센추리, (주)범양냉방 등의 대기업과 냉동 플랜트 및 대형냉동기를 생산하는 (주)한국마이콤, (주)신성엔지니어링 등에 근무하고 있습니다.

또한 졸업생 중 약 40%는 (주)한일엠이씨,(주) 우원설비 등 서울 경기지역 약 100여개의 공조 및 냉동설비 업체 중의 재정상태가 우수한 회사에 근무하고 있거나, 대기업 및 중소기업에서의 기술 및 생산 노하우를 익혀 자기 회사 및 공장을 소유한 경영과 기술을 겸비한 회사 대표도 다수 있습니다.

부경대학교 냉동공조공학과 홈페이지에서는 2017년 8월 2018년 2월 졸업자의 취업 현황을 공시하였습니다. 졸업자 취업률은 60.7%입니다. 졸업 후 진로는 다음과 같이 기록하여 두었습니다.

독립된 분야의 기술인력을 양성하여, 삼성전자, LG전자 등 우리나라의 냉동공조공학관련 기업에 중추역할을 담당하고 있다. 교육기관(중등교원), 일반 기업체 및 연구소 취업(중공업계열, 자동차, 조선, 건설, 항공 기계계열), 냉동공조기기 제조업체, 냉동관련기기 설비설계업체, 열관리분야, 냉동식품분야, 저온유통분야 대체에너지 개발 및 저장분야, 펌프·터빈·발전시스템 관련된 유체기계의 설계 및 유동 시뮬레이션분야, 연소분야, 자동차제조회사, 자동차연구기관, 각종 자동차부품제조 및 설계업체, 벤처기업 창업(정보, 화상처리, 소프트웨어 개발, 정밀진단, 로봇, 자동화 등), 국연·공기업·공무원, 대학원 진학(석사, 박사 과정), 외국기업(기계계열), 자영업(설계, 제조, 자동차정비 및 검사, 냉·난방설비, 소프트웨어, 자동화), 중소기업(기계계열), 금형관련분야, 각종기계 분야에서 자신의 역량을 발휘할 수 있다.

어떤 사람이 적합한가?

커리어넷 학과 인터뷰에서 손창효 교수(부경대학교 냉동공조공학과)는 이렇게 말합니다.

“냉동공조 기계 관련 분야는 매년 생산 규모나 성장률이 크게 향상되고 있는, 장래성이 매우 밝은 산업 분야로서 냉장고와 에어컨으로 대별되는 가전제품 분야, 자동차 및 선박과 같은 수송 분야, 건물의 냉난방 및 히트펌프 분야, 클린룸과 같은 공기 조화 분야, 태양열 및 미활용 에너지 이용과 같은 신재생에너지 분야, 고부가 상품과 제품을 보관하는 초저온 분야 등에 관심을 가지고 공부하는 학생들에게 적합한 학과라고 생각됩니다. 냉동공조는 기계공학의 한 부분으로 열에너지의 출입을 주로 다루는 열공학 분야입니다. 따라서 물리 및 화학뿐만 아니라 열역학, 유체 역학, 재료 역학, 동역학 등의 교과목에 관심을 가지고 공부하는 학생에게 도움이 될 것으로 생각됩니다.”

학과 교육과정

전남대학교 교육과정을 참고하겠습니다.

일반화학, 일반물리, 유체역학, 열역학, 공업수학, 냉동냉장학, 열전달, 재료역학, 전자공학, 기계제도, 수치해석, 공기조화실험, 냉동공학, 식품냉동, 자동제어, 냉동공조계획, 저온물리, 공조설비공학, 냉동공조연습, 저온유통학, 에너지이용공학, 위생설비 설계 및 연습, 냉동 및 열시스템 설계 등

고등학교 때 선택과목에 대한 조언

- 공통과목: 수학, 사회, 과학, 기술 · 가정
- 일반선택과목
  - 수학교과: 수학 I · II, 미적분, 확률과 통계

- 사회교과: 한국지리, 세계지리, 경제, 사회문화, 생활과 윤리
- 과학교과: 물리학Ⅰ, 화학Ⅰ, 생명과학Ⅰ, 지구과학Ⅰ
- 기술·가정교과: 기술·가정, 정보

• 진로선택과목: 실용수학, 기하, 경제수학, 수학과제 탐구, 물리학Ⅱ, 화학Ⅱ, 생명과학Ⅱ, 지구과학Ⅱ, 생활과 과학, 융합과학, 공학 일반, 사회문제 탐구

기본적으로는 물리, 화학, 미적분은 공부해두는 것이 대학 교과과정을 학습하는 데 어려움이 없을 것입니다.

냉동공조 관련 직업에 대해 더 알고 싶다면?

동명대학교 냉동공조공학과: 졸업생 및 재학생이 소개하는 동명대 냉동공조공학과.

https://www.youtube.com/watch?v=HejkTalLZt0

부경대학교 학과가이드 동영상: 냉동공조공학과.

https://www.youtube.com/watch?v=09hVuhaPxi0

한국직업방송: 내일을 잡아라-냉동공조기술자.

https://www.youtube.com/watch?v=a1pzlNoOUbo

8. 목재종이과학과

진로쌤의 이야기

이공계를 진학하기 원하는 남학생과 상담한 적이 있습니다. 4등급 중반대 학생이었습니다. 당시 2학년 1학기였는데 지방거점국립대학 중 가기를 소망하여 입결 등급을 분석하였습니다. 2030학년도 입학생 기준, 목재종이과학과는 학생부교과전형 충북대는 70%컷이 4.8, 전북대는 4.7, 강원대는 4.6 정도입니다. 대학에 따라 목재응용과학과 등으로 명칭이 살짝 달라집니다.

학과소개

이 학과는 커리어넷에 '목재종이'라는 명칭으로 검색하면 비슷한 다른 학과들이 소개됩니다. 일단 제지공학과가 소개되었는데 '대학어디가'에서는 제지공학과가 검색되지 않습니다. 그래서 현재 커리어넷에서 검색이 되는 임산공학과와 목재종이과학과에 대해 각각 소개하겠습니다.

임산공학과

임산공학은 식물학, 공학, 화학공업, 환경보존학 및 예술 분야까지 포함하는 종합학문입니다. 임산공학과는 목재 및 임산자원의 효율적 이용과 용도개발, 재료 및 제품 개발 등에 관한 내용을 다루고 있으며, 산림에서 생산되는 각종 임산자원의 합리적 · 효율적 이용과 용도 개발, 재료 및 제품 개발에 대해 학습할 수 있습니다. 목재와 산림 자원을 활용하지만 그만큼 환경을 아끼는 마음도 필요할 것입니다. 공학에 기반한 전공이기 때문에 이학 및 공학 계열에 대한 흥미와 적성을 지니면 도움이 됩니다. 산림자원 및 목재의 생리를 이해하고 다루어야 하기 때문에 화학이나 물리 생물 등의 기초과학에 대한 소질이 필요합니다(커리어넷 학과정보).

목재종이과학과

목재와 종이는 Eco-Bio material로 21세기 신성장 동력사업의 주체인 녹색성장에 필요한 지속가능 생물재료이다. 목재종이과학과의 주된 학문 영역은 수목의 조직 및 수종식별, 목재의 물리·화학적 개질 처리, 종이 원료 및 제품 생산, 종이의 물리적·구조적 특성 분석을 통한 품질 향상, 기능성 한지 제조 및 천연물을 이용한 천연염색 등 목질바이오매스 전 영역을 포함한다. 특성화분야로 목질바이오매스를 이용한 대체에너지 및 친환경 신에너지 자원개발, 목재 탄화물로부터의 기능성 물질 개발, 미생물을 이용한 임산 바이오테크놀로지, 전통한지의 고품질화 및 천연염색을 통한 기능화, 고기능성 종이 물성 개발 및 공정효율 향상, 목재 및 지류 문화재의 보존·복원처리, 연륜연대 등이 있다(충북대 목재종이과학과 소개자료 인용).

관련 자료

블로그 〈괴물철학관〉의 목재종이과학과 졸업후기를 소개합니다(https://thetreeblog.tistory.com/449). 아주 좋은 글이니 꼭 읽어보셨으면 합니다. 아래 글을 블로그 글 중 일부를 발췌하였습니다.

목재종이과학과의 장점

깨끗한 나라, 대영포장, 모나리자, 무림 p&p, 삼성펄프, 선장산업, 아세아 제지, 수출포장, 신대양제, 신풍제지, 영풍제지, 이건산업, 태림포장, 페이퍼코리아, 한국제지, 한솔제지, 한창제지, 한솔 홈 데코, kr모터서, 삼익악기, 코아스, 퍼시즈, 현대리바트.

이 회사들의 공통점은 뭘까요. 바로 주식에 상장된 목재 및 종이 테마주 주식회사들 이름입니다. 적은 수는 아닙니다. 제지 및 목재 회사들은 제조업의 기반 산업이라 대부분 중견 이상급 회사들이 대부분입니다. 물론 삼성전자, 하이닉스 등 초대형 대기업은 없습니다.

하지만 목재 및 종이를 공부하는 학생은 1년에 몇 명이나 될까요? 참고로 저희 학과 신입생은 매년 18명 정도입니다. 그중 졸업하는 건 1년 12명 정도입니다. 이 12명이 대부분이 서로 다른 진로를 향해 달려갑니다. 이 학문에 매력을 못 느껴 다른 업을 찾아 떠나거나, 안정적인 공무원 시험에 도전하는 등 각자의 길을 걷습니다.

전국에 12명씩 10개 대학이면 매년 취업 시장에서 120명+α(이직 준비하는 중고 신입 및 취준생)가 상장된 중견기업+중소기업+공기업의 자리를 두고 경쟁합니다. 개인적인 생각으로는 타 전공에 비해 준비만 제대로 한다면 생각보다 취업하는 것은 어렵지 않습니다.

입시결과

'대학어디가' 학과정보를 검색하면 '목재'라는 타이틀이 붙은 학과는 3개가 검색됩니다.

먼저 충북대학교 목재종이과학과입니다. 2022 수시 학생부교과는 경쟁률이 12대 1이고 70%컷 4.8입니다. 학생부종합전형은 4.7대 1입니다. 강원대 목재종이과학부 학생부 교과는 70%컷 5.2입니다. 전북대 목재응용과학과는 학생부교과전형 70%컷 5.1, 학생부종합전형은 4.6입니다.

임산공학과도 알아보겠습니다. '대학어디가'에서 임산이라는 타이틀로 3개 학과가 검색됩니다. 먼저 경북대학교 산림과학 조경학부(임산공학전공)는 학생부 교과 70%컷 3.2, 학생부종합일반전형 3.6, 전남대학교 임산공학과 학생부교과 일반전형은 70%컷 3.7, 학생부종합전형은 3.9, 국민대학교 임산생명공학과는 학생부교과 70%컷 2.1, 학생부종합전형은 2.6입니다.

취업상황

강원대 목재과학전공학과에서는 진로분야를 아래와 같이 명시하고 있습니다.

산림청, 국립산림과학원, 한국임업진흥원, 산림복지진흥원 등 기관, 시·군청 등의 공공기관, 목조건축, 가구제조 및 유통, 합판보드, 집성재, 펠릿, 바이오연료 생산 업체, 해외자원 이용 관련 산업체 및 기관, 섬유, 플라스틱, 의약 및 화장품 등 화학소재 관련 산업체, 대학 및 목재교육전문기관.

충북대 목재종이과학과에서는 졸업후 진로를 다음과 같이 명시합니다.

MDF생산업체, 목재생산업체, 펄프 및 제지회사, 특수제지회사, 목재가구 및 가공회사, 목조주택회사, 산림조합, 산림청, 도·시·군·청·박물관 등 전문직, 조경회사, 산림 행정직 공무원, 해외임업개발회사, 국립공원관리공단, 문화재연구소 및 문화재보존업체, 산림환경연구소, 국립산림과학원, 국유림관리사무소, 한국임업진흥원.

어떤 사람이 적합한가?

『학과바이블』(한승배 외, 캠퍼스멘토)이라는 책에 나온 임산생명공학과 '학과 인재상 및 갖추어야 할 자질'을 살펴보겠습니다.

"나무를 좋아하고 목재를 활용하는 방법에 대해 호기심이 있는 학생, 제지 천연물 화학 바이오메스활용 목질 복합재료 개발 등 임산생명 공학 관련 분야에 흥미가 있는 학생, 공학과 예술에 관심이 많은 학생, 자연 현상에 대한 문제 인지능력과 탁월한 해결 능력을 가진 학생, 지구 온난화, 친환경, 무공해적인 삶 등 자연 및 생활 환경 문제에 관심을 가지고 있는 학생, 환경 및 지속가능한 미래에 대해 관심이 많은 학생, 창의적인 문제제기 능력과 자기주도적인 문제 해결능력을 갖춘 학생, 연구 결과가 바로 나오지 않아도 끈기있게 실험과 연구를 이어갈 수 있는 인내심을 가진 학생."

학과 교육과정

강원대학교 교육과정을 참고하겠습니다.

종이와 문화, 목재과학의 이해, 펄프종이소재공학개론, 목재와 인간생활, 목재화학실험, 목재해부학, 목재물리학, 수목추출물기초, 목재식별학, 공학목재, 목재미생물학, 목재건조학, 임산바이오매스 및 에너지, 목질환경공학 등

고등학교 때 선택과목에 대한 조언

- 공통과목: 수학, 사회, 과학, 기술 · 가정
- 일반선택과목
  - 수학교과: 수학 I · II, 미적분, 확률과 통계
  - 사회교과: 한국지리, 세계지리, 경제, 사회문화, 생활과 윤리
  - 과학교과: 물리학 I , 화학 I , 생명과학 I , 지구과학 I
  - 기술·가정교과: 기술·가정, 정보
- 진로선택과목: 실용수학, 기하, 경제수학, 수학과제 탐구, 물리학 II, 화학 II, 생명과학 II, 지구과학 II, 생활과 과학, 융합과학, 공학 일반, 사회문제 탐구

기본적으로는 물리와 화학을 하는 것이 대학교육과정을 따라가는 데 도움

을 줄 거라 생각합니다. 특히 임산공학과는 농업생명대학으로 분류된다고 해도 공학 쪽 지식이 조금 더 요구되기 때문에 물리를 배워두는 편이 유리합니다.

모 대학 목재관련 학과 교수님을 초빙하여 특강을 한 적이 있는데 본인은 문과출신이었지만 대학에 가서 열심히 공부하였다는 말을 하신 적이 있어요. 이건 목재종이과학과에서만 벌어지는 일은 아닙니다. 부족한 부분이 무엇인지 알고 보완하기 위해 애쓴다면 학습을 따라갈 수 있을 겁니다(그만큼 대학 생활의 낭만은 조금 희생해야 할지 몰라요).

목재종이과학과에 대해 더 알고 싶다면?

강원대학교: [춘천] 목재과학전공.
https://www.youtube.com/watch?v=352EjkkVnUs

전북대학교: 전북대학교 목재응용과학과 홍보영상(2021 공모전_장려상)
https://www.youtube.com/watch?v=riMvUBzzoD0

나무꾼: 산림자원학과가 좋은 이유 top3.
https://www.youtube.com/watch?v=o5t8tJNem1s

9. 항공정비학과

진로쌤의 이야기

직업위탁학교 홍보물에 항공정비과정이 있어 눈여겨보게 되었습니다. 대학에서도 항공정비를 배울 수 있는 학과가 있고 직업안정도나 전문성이 보장받는 것 같아 기계 쪽 진로를 찾는 학생들에게 권해주곤 했는데 더 자세히 알아보도록 하겠습니다.

항공정비 과정을 배울 수 있는 루트는 크게 세 가지로 보입니다. 전문대학, 4년제 대학, 항공정비직업위탁과정. 직업위탁과정은 일반고에서 3학년 때 위탁교육을 가는 것입니다. 여기서는 대학 학과 위주로 살펴보겠습니다.

학과소개

항공기에 정말 많은 부품이 들어간다는 것을 알고 있나요? 고속 팬 모터, 온도조절장치, 엔진, 강화유리, 발전기 등의 부품들을 세심하게 고려하여야 합니다. 항공정비과는 항공/자동차 산업 및 관련 기계 산업 분야에 필요한 이론과 실무 지식을 가르치고, 항공기 생산, 정비 및 관련 기계공업 등의 실무를 익힐 수 있습니다. 이와 같은 교육을 바탕으로 항공/자동차 산업체에서 필요로 하는 전문 기술인력의 자질을 갖추고, 일반 기계 산업 분야에도 진출하여 전문 기술인력을 양성하는 것을 목표로 합니다.

항공산업은 크게 항공기제작, 항공기정비, 항공기 운항서비스 세 부분으로 구성됩니다. 항공정비과는 항공기체, 항공기관, 항공장비, 항공전자 등 항공기 정비와 관련한 실무를 세부적으로 학습합니다. 최근 전염병 유행으로 여객 수요가 급감하였으나 '화물사업'의 매출이 증가하고, 일부 항공사에서 정비 항공기 수량을 늘림에 따라 항공정비과의 전망은 지속될 것으로 보입니다(커리어넷 학과소개 자료 인용).

관련 자료

대형항공사 연봉은 3,500만~4,000만 원, 5년 이상의 경력이 쌓이면 6,000만 원 이상으로 상승하며 때에 따라 8,000만 원까지 받을 수 있다는 소개가 나와 있습니다(EDU WITH YOU: 항공정비사 연봉 2023년도 체크 포인트. https://blog.naver.com/shvc_/223054483162).

입시결과

창신대학교 스마트융합공학부 항공정비기계전공은 교과전형 70%컷(일반계고교) 4.5, 호원대학교 항공정비공학과는 학생부교과 70%컷 6.8, 세한대학교는 학생부교과 70%컷 5.1, 초당대학교는 학생부교과 70%컷 6.0, 지역인재 교과전형은 70%컷 4.8입니다. 전문대학을 살펴보겠습니다. 여주대학교 항공정비과는 수시1차 최저 7.29, 평균 5.39, 충청대학교 항공자동차모빌리티학부 수시1차 최저 8.07, 평균 5.67, 동원과학기술대학교는 일반고 수시1차 전형 평균 5등급으로 공시되고 있습니다.

취업상황

최근 졸업생의 취업현황을 살펴보기 위해 초당대학교 항공정비학과 홈페이지에 방문하였습니다. 졸업 후 진로는 다음과 같이 명시하고 있습니다.

○ 항공사의 정비사(대한항공, 아시아나항공, 에어부산, 이스타항공, 진에어, 티웨이, 제주항공 및 외국 항공사)

○ 항공기 부품 제작 및 정비업체

○ 항공기사용업체 및 관련 항공업체 항공정비사

○ 정부기관: 국토교통부 및 교통안전공단의 항공검사관, 항공우주연구원 등

○ 공군, 해군 및 육군 항공정비 장교 및 부사관

○ 중대형 드론, 요트 및 선박엔진 제조업체 등

○ 기계 관련 업체

세한대학교 항공정비학과의 진로 로드맵은 다음과 같이 나와있습니다.

Road Map

4학년 항공정비사 실기 응시 용접산업기사 응시 공군 일반장교 지원 공군부사관 지원(2학기) 육군장교 지원(조종) 육군 부사관 지원(헬기정비) **3학년** 항공산업기사 응시 항공정비사 필기 응시 비파괴검사 산업기사 응시 공군학사장교 지원 **2학년** 항공기 장비정비 기능사 응시 항공기 전자장비 기능사 응시 공군 학사장교 지원 **1학년** 항공기 기관정비 기능사 응시 항공기 기체정비 기능사 응시 공군 학사장교 지원	**공군장교** 성적 순으로 희망 병과 배정 정비사 + 비파괴, 용접 -->정비병과 임용시 유리 FSC, LCC 제작사 취업 대기업, 연구소, 대학교수 진출 유리 **육군장교** 먼저 조종장교로 임관 --> 추후 정비장교 보직 변경 헬기 항공사 취업 **기종교육** 육해공군 사범 전역 시 기종교육 이수 권장 **기종교육센터 운영기관** 아세아항공(B737, A320) 한국과학기술(B737) 한국에에텍항공(B737) 인하항공(A320) 인천산학융합원(B777)	**공군부사관** 성남, 수원, 오산, 원주, 강릉, 청주, 충주, 서산, 대구, 군산, 사천, 진주 등 대도시 군비행장 근무 30개월 복무 FAA 응시 가능 FSC, LCC 제작사 취업 경항공기 회사 취업 **육군부사관** 항공작전사령부, 육군항공학교 UH-1H, 500MD, 치누크 코브라, 아파치 헬기 정비 헬기 항공사 취업 **헬기항공사** 헬리코리아, 유아이헬리콥터, 에어로피스, 알에이치포커스 통일항공, 홍익항공 --> 헬기 정비 경력자 산림항공, 소방항공, 경찰항공 해양경찰항공 취업 가능 **경항공기 회사** 에어팰리스, 세진항공, 새한항업 아세아항측, 에이스항공 앤에프에어 등	**FSC** 대한항공, 아시아나항공 공군부사관, 장교 출신 우대 기족교육 이수자 우대 토익 700이상 **LCC항공사** 제주항공, 티웨이, 진에어 에어서울, 에어부산, 아스타항공, 플라이경원, 에어로K, 에어인천 **항공기 제작회사** 한국항공우주산업(KAI) 하이즈항공, 한화테크윈 조립회사 아스트, 대신항공, 삼홍정공 미래항공, 샘코, 캔코아 등 **항공 MRO 회사** 한국항공서비스(KAEMS) 한화에어로스페이스 STX 에어로서비스 샤프테크닉스케이	**FAA 미국** FAA 교육2년 이수 후 FAA 자격시험 응시 가능 연계대학 AIM, EVERETTF Collage SPARTAN Collage Eembry Riddle **EASA유럽** EASA 교육 2년 경력 4년 후 EASA 자격증 취등 가능 연계대학 및 항공사 Kingston, Liai University KLM UK Eng,, Lufthansa Tech. **외국 항공사** BOEING(미국) AIRBUS(프랑스) Lufthansa(독일) KLM(네덜란드) STAECO, HEACO(중국) Sikorsky(미국) Cathay Pacific(홍콩) Delta Air Lines(미국) SIA,, STA(싱가폴) P&W, GE(미국) Rolls-Royce(영국) ……

어떤 사람이 적합한가?

커리어넷 학과 인터뷰에서 김정래 교수(여주대학교 스마트텍)는 이렇게 말했습니다.

"항공정비는 기계 분야이면서 전기·전자, 통신이 복합적으로 연관되어 있기 때문에 기계적 감각과 어떠한 물건에 대한 이치, 작동 원리의 이해가 필요합니다. 따라서 만들기, 조합하기(큐브), 동적인 움직임(활동)을 좋아하거나 수학적 이치 이해 및 새로운 분야에 대한 호기심 등이 많은 사람이 유리합니다. 항공정비는 공학으로 이과가 유리하며, 수학·과학 과목이 많은 도움이 됩니다. 항공정비 분야가 국경을 초월한 전 세계적 영역이기 때문에 국제 항공법으로 항공 분야가 통합 운용되므로 항공정비 매뉴얼, 새로운 항공정비 정보 등을 이해하기 위한 영어는 필수적이므로 영어에 자신감을 갖는 것이 도움이 됩니다. 항공정비에는 유인 항공기, 무인 항공기, 항공 전기 전자 시스템 등 범위가 넓기 때문에 항공 관련 활동은 항공 원리를 이해하고 학습하는 데 도움이 됩니다. 예를 들면 모형 항공기 제작, 비행 동아리, 드론 동아리, 항공정비 위탁 교육, 항공 전시회 관람, 항공업체 탐방 등 비행기 관련 원리 탐색, 현장견학을 통해 친숙도를 높이는 것이 좋습니다."

학과 교육과정

극동대학교 교육과정을 참고하겠습니다.

공업역학, 대학물리, 항공법규, 항공정비일반, 항공기기체, 항공역학, 왕복엔지, 열역학, 가스터빈엔진, 창의화학, 항공전기전자기초, 헬리콥터정비, 항공통신항법, 항공정비기초실습, 항공기시뮬레이터, 항공기구조역학, 항공영억, 항공기자동제어 등.

고등학교 때 선택과목에 대한 조언

- 공통과목: 수학, 영어, 과학, 교양

- 일반선택과목
  - 수학·사회교과: 수학 I, 수학 II, 미적분, 확률과 통계, 정치와 법
  - 영어교과: 영어 I, 영어 II, 영어회화, 영어 독해와 작문
  - 과학·교양교과: 물리 I, 지구과학 I, 화학 I, 보건학, 논리학, 철학, 논술
- 진로선택과목: 물리학 II, 융합과학, 수학탐구 과제, 기하, 사회문제 탐구, 공학일반, 실용영어, 진로영어, 고전과 윤리, 여행지리

무엇보다도 물리를 필수로 배워두어야 대학교 가서 교과과정을 따라가는 데 무리가 없을 것으로 보입니다. 물리를 배우지 않은 채 합격증을 받았다면 입학 전까지 물리 기초를 쌓아두는 것이 대학 가서 고생하지 않는 길입니다.

항공정비사에 대해 더 알고 싶다면?

국토교통부TV: 좋아! 매일 '좋아'만 외치는 이 직업은? 항공정비사의 하루는?
https://www.youtube.com/watch?v=QXuXxU2q8z4

KBS LIFE: [생활의 발견] "나는 매일 공항에 간다!" 항공정비사 송종환 씨 | KBS 221212 방송
https://www.youtube.com/watch?v=viPb3Kkeqqk

AIRBUSAN: [에어부산] 항공정비사의 하루 일과는 어떨까?
https://www.youtube.com/watch?v=Q7PqhAfADFM

떴다떴다변비행: 항공정비사 TMI 대공개 연봉? 직업병? 토익점수? 다 알려드림. 커몬. 여러분의 7분을 순삭시켜드림[떴다떴다 변비행 40화] https://www.youtube.com/watch?v=FtWX4s8Hy3E&list=TLPQMDcwNDIwMjNc3UicibTI4Q&index=1

10. 소방 관련 학과

진로쌤의 이야기

'대학어디가'에 '소방'이라는 키워드를 넣으면 소방공학과, 소방방재공학과, 소방방재전공, 소방방재학과(부), 소방안전공학과, 소방안전학과(부), 소방안전환경학과, 소방재난관리학과, 설비소방(공)학과, 재난안전소방학과 등 다양한 이름으로 학과가 소개됩니다. 또 경찰소방행정학부로 모집하는 단위도 눈에 띕니다. 소방관련학과를 나오면 흔히 소방공무원만을 생각하지만 다른 진로도 많이 있습니다. 저 역시 소방학과는 소방관이 되는 것만을 상상했는데 진로의 폭이 생각보다 넓습니다. 한 번 알아보겠습니다.

학과소개

'대학어디가'에 나온 소방관련학과는 총 39건으로 검색됩니다(2023. 4. 11 현재). 4년제 대학기준이며 전문대학에도 있습니다.

학과명	대학명	지역	입학정원	2022 경쟁률	
				수시	정시
소방행정학과	동신대학교(본교)	전남	40	5.4	1.5
소방행정학과	서원대학교(본교)	충북	50	-	-
소방행정학과	우석대학교(본교)	전북	40	3.24	0.04
소방행정학과	원광대학교(본교)	전북	60	6.69	2.35
소방행정학과	초당대학교(본교)	전남	25	2.3	0.21
소방행정학과	호남대학교(본교)	광주	40	4.93	-
소방행정학과(야)	수원대학교(본교)	경기	30	5.6	3.77
스마트융합공학부 소방방재전공	장신대학교(본교)	경남	20	-	-
재난안전소방학과	건양대학교(본교)	충남	35	4.31	3

학과명	대학명	지역	입학 정원	2022 경쟁률	
				수시	정시
소방방재학과	우석대학교(본교)	전북	50	4.9	1
소방방재학과	중원대학교(본교)	충북	30	-	-
소방방재학과	한라대학교(본교)	강원	50	3.43	1.1
소방방재학과	호서대학교(본교)	충남	60	4.19	2.38
소방방재학부	강원대학교(제2캠퍼스)	강원	87	6.4	2.66
소방방재학부	경일대학교(본교)	경북	100	5.11	1.8
소방방재행정학과	동의대학교(본교)	부산	50	8.26	4
소방안전공학과	전주대학교(본교)	전북	40	5.76	3
소방안전학과	상지대학교(본교)	강원	50	-	-
소방안전학과	신라대학교(본교)	부산	50	5.52	2.5
소방안전학과	호원대학교(본교)	전북	30	-	-
소방안전학부	목원대학교(본교)	대전	80	4.68	1.56
소방안전환경학과	대구한의대학교(본교)	경북	35	5.3	1.25
소방재난관리학과	조선대학교(본교)	광주	30	9.3	2.7
소방행정학과	광주대학교(본교)	광주	-	5.25	-
경찰소방행정학부	유원대학교(본교)	충북	50	3.55	1.37
경찰소방학과	가야대학교(김해)(본교)	경남	30	-	-
경찰소방학과	김천대학교(본교)	경북	50	-	-
설비소방공학과	가천대학교(본교)	경기	60	11.24	6.42
설비소방학과	청운대학교(본교)	충남	87	7.23	5.67
소방안전학부	우송대학교(본교)	대전	100	6.75	7.25
소방공학과	부경대학교(본교)	부산	50	11	5.17
소방방재공학과	경남대학교(본교)	경남	40	4.04	2.75
소방방재융합학과	건국지대학교(글로컬)(분교)	충북	50	11.52	6.4
소방방재전공	동국대학교(WISE)(분교)	경북	50	4.56	2.6
소방방재학과	세명대학교(본교)	충북	30	5.66	2.8
소방방재학과	위덕대학교(본교)	경북	80	1.25	0.14
소방방재학과	대구가톨릭대학교(본교)	경북	35	7.8	3
소방방재학과	대전대학교(본교)	대전	30	8.22	-
소방방재학과	부산가톨릭대학교(본교)	부산	-	5.42	4.25

관련 자료

소방학과에 대해 자세한 설명이 나와 있습니다. 비슷한 이름이지만 소방행정학과 소방방재학은 배우는 것이 다르다고 합니다. 소방관련 학과를 나오면 소방공무원 특채에 응시할 수 있는 자격이 주어집니다. 소방공무원은 소방관도 있고, 구급대원도 있습니다. 소방공무원 채용공고를 살펴보면 구급분야는 1급 응급구조사 소지자나 간호사 자격 소지자를 채용하고, 소방분야는 소방학과를 졸업한 사람을 채용한다고 명시되어 있습니다. 간혹 소방학과 진로를 검색하다보면 소방학과 졸업 후 응급구조사가 될 수 있다고 나와 있는 경우도 있는데 정확히 말하면 그렇지 않습니다. 소방학과 출신이 응급구조사가 되려면 응급구조사 2급 자격을 주는 교육기관에 가서 과정을 이수한 뒤 자격증을 취득하고, 다시 1급 구조사 자격증을 취득해야만 하는 번거로움이 있습니다.

소방공무원의 분류와 역할에 대해 자세하게 소개하고 있습니다(https://namu.wiki/w/%EC%86%8C%EB%B0%A9%EA%B3%B5%EB%AC%B4%EC%9B%90).

입시결과

유원대학교 경찰 소방행정학부는 2022 수시 기준 70%컷 5.7, 우송대학교 소방안전학부 학생부교과 교과중심은 4.8, 학생부교과 면접전형은 5.1, 부산가톨릭대학교 소방방재학과 5.0, 전주대학교 소방안전공학과 5.2, 광주대학교 소방행정학과 6.3, 우석대학교 소방행정학과 학생부교과 교과중심은 5.9, 학생부교과 면접중심은 5.8입니다.

취업상황

졸업생의 취업현황을 살펴보기 위해 몇 개 대학 학과 홈페이지를 방문해보겠습니다. 호남대학교의 경우에는 학과 홈페이지에서 취업현황을 졸업생 이름과 졸업년도, 취업처를 공지해놓고 있습니다. 2016년부터 2020년 졸업생 9명이 소방공무원에 합격하였습니다. 2018년부터 2020년 소방관련 기업에 취업한 명단도 공지해놓았습니다. 한길이엔씨, 신안방재, 화재안전조사원, 한국안전원, 한백에프엔씨, 한방유비스, 건국이엔아이 등에 취업했습니다.

대전대학교 소방방재학과 홈페지에는 졸업후 진로에 취업현황이 공지되어 있습니다. 2018~2022년 공무원(소방, 경찰, 해결, 방재직열) 49명이 합격하였습니다. 희림종합건축사, 도원엔지니어링 건축사, 포스코, 한화, 라온건설 등 소방기업으로 23명 취업했습니다. 소방산업기술원 등 공기업으로 2명, 일반기업으로 8명이 취업하였습니다. 주로 소방공무원이나 소방관련 기업에 취업하는 것으로 보입니다.

어떤 사람이 적합한가?

커리어넷 학과 공하성(우석대학교 소방방재학과)의 인터뷰에는 이렇게 표현되어 있습니다.

"국민을 위해 봉사하는 직업을 갖고자 하는 사람이라면 이 학과가 적합하다고 생각합니다. 이 학과를 졸업하면 소방공무원 특별 채용 시험에 응시할 수 있어 소방공무원이 되기에 유리하며, 소방공무원뿐만 아니라 한국소방안전원, 한국소방산업기술원, 한국소방시설협회, 소방시설관리업, 소방시설공사업, 소방공사감리업 등의 소방 관련 회사에 취업하여 국민의 안전을 지키는 데 기여할 수 있기 때문입니다.

소방공무원이 되고자 한다면 국어, 영어 등 문과 계열 과목과 체육 관련 과목을 충실히 공부해 두면 도움이 될 것 같습니다. 체육 관련 과목은 소방공무원 시험에서 체력 시험의 비중이 크기 때문입니다. 소방 관련 회사에 취업하고자 한다면 물리, 화학 등의 이과 관련 과목을 선택하면 많은 도움이 될 것입니다."

학과 교육과정

경남대학교 소방방재공학과를 살펴보겠습니다.

소방학개론, 소방유체역학, 소방전기설비공학, 위험물시설론, 연소폭발론, 특수화재론, 소방설계공학입문, 소방정책론, 제연설비론, 건축소방학, 방재공학실습, 안전관리론, 화재현상론, 화재조사론, 소방검사론 등

동의대학교 소방방재행정학과를 살펴보겠습니다.

재난관리학, 응급처치이론, 인명구조론, 재난예방환경설계, 재난통계학, 화재학, 소방관계법규, 소방설비, 화재진압론, 도시방재론, 소방정책론, 위험물질론, 소방설비, 소방행정법, 재난대응실무, 소방심리론, 생활안전론 등

고등학교 때 선택과목에 대한 조언

- 공통과목|: 수학, 과학, 기술·가정
- 일반선택과목

- 수학교과]: 수학 I · II, 미적분, 확률과 통계
- 과학교과]: 물리학 I , 화학 I . 생명과학 I
- 기술·가정교과]: 기술·가정, 정보

• 진로선택과목]: 기하, 물리학 II , 화학 II , 생명과학 II , 생활과 과학, 융합과학, 공학 일반

소방공학에 관심이 많으면 물리학을 공부해두는 것이 대학 가서 공부하는 데 어려움이 덜할 것 같습니다. 소방행정에 관심이 많다면 국어와 영어 지식을 쌓아두는 것이 유리할 것으로 보입니다. 그리고 소방 관련 학과들은 기본적으로 화학적 지식이 요구되는 것으로 보입니다.

소방 관련 직업에 대해 더 알고 싶다면?

취업리스트: 고3 수험생에게 대학교 소방방재학과를 추천하는 이유 | 소방설비 취업/ 전망 등
https://www.youtube.com/watch?v=7NJLmZzSHfM

우크tv: 소방공무원 관련학과 특채의 모든 것!!! (공부, 승진, 내근 근무)
https://www.youtube.com/watch?v=XBONDYy6bS4

경남대소방방재공학과 15대 LAST: 그래서 연봉이 얼마라고? 소방 JOB터뷰 1탄 - 소방시설관리사
https://www.youtube.com/watch?v=Hvynpl5hTC4

11. 조리과학과/ 제과제빵과

진로쌤의 이야기

간혹 호텔셰프로 취직하고 싶다고 진로 상담을 하는 경우가 있습니다. 관련 정보를 찾아보면 호텔 취업이라는 것이 요리만 잘한다고 해서 될 일은 아닌 듯합니다. 4년제 대학에는 조리 관련 학과가 꽤 있습니다. 물론 외식조리 산업 분야에 진출하기 위해, 또 조리 관련 자격증을 따기 위해 반드시 대학을 나올 필요가 있는가 반문할 수 있습니다. 4년제 대학을 졸업한다는 것은 단순한 기능적인 부분을 넘어서서 학문적인 부분을 조금 더 깊이있게 연구하고 또 대학원 과정에 진학할 수 있다는 의미입니다. 본인이 무엇을 원하느냐에 따라 4년제 대학을 갈 것인지 전문대학을 갈 것인지, 대학에 가지 않고 자격증을 취득할 것인지 진로 커리어를 밟는 과정이 다를 것입니다.

제과제빵조리학과도 비슷합니다. 여기서는 조리학과 위주로 살펴보도록 하겠습니다.

학과소개

외식조리과는 음식문화의 국제화와 외식산업의 발달에 맞추어 조리에 관한 이론을 익히고 한식, 양식, 일식, 중식, 제과, 제빵, 식공간 연출, 조주(칵테일) 등의 실습 위주의 교육을 함께 하고 있습니다. 외식조리과는 국민의 건강

증진과 식생활 문화의 올바른 방향을 제시하고 급속히 변화하는 세계의 식문화와 함께 호흡할 수 있는 전문 지식과 기술, 창의력을 갖춘 외식업 분야의 전문조리인 양성을 교육목표로 두고 있습니다. 국민의 소득이 증가하고 식생활이 서구화되면서 외식문화가 발달하고 있습니다. 음식이 단지 먹는 것이 아닌 하나의 문화로 자리 잡으면서 외식문화는 새롭게 변화하고 있습니다. 건강하고 안전한 외식문화를 개발하고 사람들이 다양한 음식을 접할 수 있도록 하는 외식업 전문가가 주목받고 있습니다.

평소 음식에 관심을 가지고 있으며, 음식을 요리하는 것에 흥미를 가지고 있으면 좋습니다. 조리하기 위해서는 예민한 미각과 후각을 가지고 있으며, 음식 메뉴 개발을 위해 창의성이 있으면 도움이 됩니다. 주방에서 여러 사람과 함께 일하기 때문에 협동심이 필요하며, 오랜 시간 서서 요리하기 때문에 인내심과 체력이 좋아야 합니다(커리어넷 학과소개 자료 인용).

관련 자료

<호텔셰프로 취업하기 A to Z>라는 블로그 글을 소개합니다(https://blog.naver.com/shvc_/221171394324).

특급호텔의 경우 2년제 전문학사 학위 이상 지원이 가능한 경우가 있어 셰프와 관련한 학과인 호텔조리학과로 진학하시면 됩니다. 4년제와 2년제를 선택할 때 고민도 많을 시기인데요, 2년제의 경우 실기 위주로 배울 수 있고 남들보다 빨리 취업해서 진급도 빠르게 할 수 있다는 장점이 있습니다. 4년제의 경우 요리사와 영양사 등 다양한 진로를 선택할 수 있습니다.

특급호텔의 경우 총주방장이 외국인이거나 같이 일하는 동료 중에 외국인이 있을 경우를 대비하여 토익점수가 있다면 좋습니다.

학과소개

우송대학교 글로벌조리학부 글로벌조리전공은 2022 수시 교과전형(교과중심전형) 70%컷 3.4, 교과전형(면접전형) 70%컷 4.4, 학생부종합(면접전형)은 70%컷 4.8, 학생부종합(서류전형)은 70%컷 4.9입니다. 용인대학교 식품조리학부는 학생부교과(교과성적우수자 전형) 성적 70%컷 3.4, 학생부교과(일반학생전형) 70%컷 3.2입니다.

경주대학교 학생부교과 전형 성적은 70%컷 4.0입니다. 참고로 경쟁률은 1.62대 1이었습니다. 광주대학교 외식조리학과는 학생부교과(일반)가 70%컷 7.4입니다. 호원대학교 외식조리학과는 학생부교과전형 경쟁률이 14.39대 1로, 70%컷은 7.2였습니다.

취업상황

최근 졸업생의 취업현황을 살펴보기 위해 대구가톨릭대학교 외식조리학과 홈페이지에 방문하였습니다. 졸업 후 진로에 대해 다음과 같이 명시하고 있습니다.

○ 외식서비스업체: 국내조리사, 해외조리사(호주, 오스트리아, 홍콩, 뉴질랜드, 일본), 외식프랜차이즈 기업(스타벅스 등), 외식서비스관리, 외식컨설팅, 외식연구소, 와인소믈리에, 커피바리스타, 바텐더, 식품유통, 단체급식(케터링), 파티쉬에(제과·제빵), 매니저, 외식도자기기업, 주방설비기업, 조리연구가, 푸드스타일리스트, 파티플래너, 연회기획자, 외식창업자, 식용곤충조리사 및 식용곤충식품 개발

○ 호텔업체: 국내·외 호텔(한국, 미국, 싱가포르, 두바이, 호주 등)

○ 교육기관: 대학교 교원, 요리학원 강사, 칵테일학원 강사, 와인학원 강사, 카빙 강사, 커피 강사 등

○ 정부기관: 식품의약품안전청, 농촌진흥원, 질병관리본부, 한국소비자원, 보건직 공무

원, 위생직 공무원, 주재 대사관(영사관) 조리사, 학교급식 조리사(교육청)

○ 연구소: 한국식품연구원, 한국과학기술연구원, 식품기업체 연구소의 개발 및 품질관리자

○ 기타: 식품외식관련 언론매체(방송사, 신문사, 잡지사, 음식사진)

순천대학교 조리과학과 홈페이지에 들어가면 졸업생 취업현황이 팝업창으로 뜹니다.

○ 조리분야: 풀무원,아워홈, 강진의료원, CJ푸드빌, 힐튼호텔, 삼성웰스토리, 대한항공 쉐라톤, 신세계푸드시스템 등

○ 외식 식음료 경영: 스타벅스,비비큐, 맘스터치, 김선생, 쿠쿠, 뚜레쥬르 등

○ 식품가공연구분야: 하림, 도드람, 한국농숙산식품유통공사, 식품의약품안전처, 국립농산물품질관리원, GS프레쉬

○ 조리교육분야: 대학 및 고등학교

어떤 사람이 적합한가?

JOB연구소 블로그(https://chlghdcjf.tistory.com/105)에서는 적성과 흥미가 있는 사람이 누구인지 다음과 같이 제시하고 있습니다.

"평소 음식 만드는 것을 좋아하고 식생활 문화에 대해 깊은 관심이 있는 분들께 매우 추천드리는 학과입니다. 조리 및 외식 분야, 제과제빵 분야에 대한 관심이 뛰어나며 식품조리학과의 수업 70%가 실습으로 진행되는 만큼 실습 위주의 수업을 잘 소화할 수 있는 진취적이고 창의적인 학생에게 유리한 학과라고 볼 수 있습니다. 이 학과의 경우 미각뿐만 아니라 시각적으로도 중요한 능력을 요구하므로 손재주가 좋거나 예술성이 있는 분이라면 공부에 더욱 흥미를 느낄 수 있다고 봅니다."

실습위주의 수업이라 체력이 기본이 되어야 한다고 합니다. 제과제빵 분야만 하더라도 집에서 취미로 쿠키를 만들었다 수준으로 접근할 수 없는 분야입니다. 제과제빵사의 경우 새벽에 출근하며 체력 소진이 어마어마합니다. 조리사도 마찬가지이겠지만 특별한 기념일 같은 경우에는 매우 바쁘기 때문에 가족이나 지인들과 특별한 날에는 시간을 보내지 못할 수도 있습니다.

학과 교육과정

경동대학교 호텔조리학과 교육과정을 참고하겠습니다.

제빵이론 및 실습, 조리원리, 서양조리론 및 실습, 한국전통조리론 및 실습, 식품학, 공중보건학, 가드망제실습, 푸드테라피, 급식경영관리, 이탈리아요리이론 및 실습, 식품재료학, 복어요리실습, 발효식품학, 푸드스토리텔링, 조주실습, 외식업법규, 동양조리실습, 현장실무실습 등

고등학교 때 선택과목에 대한 조언

- 공통과목: 과학, 생활·교양, 사회
- 일반선택과목
  - 과학교과: 생명과학 I , 화학 I , 물리 I
  - 생활·교양교과: 기술가정, 정보, 보건학, 환경, 심리학, 교육학, 실용 경제
  - 사회교과: 사회문화, 생활과 윤리, 정치와 법
- 진로선택과목: 생명과학 II, 화학 II, 융합과학, 생활과 과학, 농업생명과학, 가정과학

이건 어디까지나 보편적인 예시안입니다. 그러나 혹시 생명과학을 선택하지 않았거나 문과 학생이어도 조리학과를 진학하는 것에는 큰 제한이 없습니다. 왜냐하면 학생부교과전형으로 학생을 선발하는 대학이 대부분이기 때

문에 성적이 되고 입학 후 교육과정을 잘 따라갈 수 있으면 그것으로 충분합니다. 특별히 문과나 이과 구분이 없는 학과라고 생각합니다. 다만 식품가공 쪽 지식을 공부하다 보면 생명과학이나 화학 지식이 요구될 수 있습니다.

조리사, 제과제빵사에 대해 더 알고 싶다면?

엠뚜르마뚜르: 내 최애버거 제작 과정 대공개 스치면 히트! 햄버거 메뉴개발자 최현정. 햄버거 프랜차이즈 메뉴개발자가 하는 일이 소개됩니다. 조리관련 학과 졸업 후 프랜차이즈 메뉴 개발자가 될 수 있습니다.

https://www.youtube.com/watch?v=aL1Mccj3lsg

[VLOG] 호텔 여자요리사의 하루 | 호텔쉐프 브이로그 | 호텔 요리사 | 요리사의 일상 | 직장인 브이로그. 호텔조리사가 하는 일을 밀착 영상으로 볼 수 있는 브이로그입니다.

https://www.youtube.com/watch?v=9XezYwaG_gE

승우아빠: 요리전공자가 할 수 있는 직업들 알려드립니다

https://www.youtube.com/watch?v=pJAyyyJ2M_c

콘텐츠실험실: 빵에 진심인 사람 모여라! 제과제빵사 제빵사 자격증 제빵사 월급 직급 제빵사 월급 기술 빵순이 빵돌이 빵 직업

https://www.youtube.com/watch?v=gfVlDFkGYzE

1% 리뷰: 너희들이 모르는 제과제빵사의 현실 [직업이 알고 싶다]

https://www.youtube.com/watch?v=13CyRO6ui2w

특특TV: [I'm 취업왕] 5성급 호텔 파티시에 / 1부

https://www.youtube.com/watch?v=t90dKMu1QaM

12. 미용학과

진로쌤의 이야기

요즘에는 남학생들도 헤어 디자이너의 꿈을 꾸고 진로상담을 오곤 합니다. 헤어 디자이너나 뷰티 관련 직업(네일아티스트 등)을 갖기 위해 반드시 4년제 대학을 나와야 하는 것은 아닙니다. 다시 한번 말하지만 4년제 대학을 졸업한다는 것은 대학원에 진학할 수 있다는 의미이고 더 깊은 학문 연구에 매진하겠다는 뜻도 됩니다.

제가 자주 다녔던 미용실 원장님이 학점은행제로 미용학과 공부를 하고 계셨습니다. 앞으로 동남아시아 분들이 K-뷰티를 배우기 위해 많이 올 것인데(실제로 지금도 오고 계시죠) 4년제 대학 졸업 자격이 있어야 그분들을 교육하는 자격을 가질 수 있지 않겠냐며 쉰이 넘은 나이지만, 미용에 대한 공부에 매진하고 계신 것을 보았습니다.

학과소개

건강과 아름다움은 현대인의 가장 큰 관심사에 속합니다. 건강과 아름다움을 바탕으로 헤어, 피부, 메이크업, 네일 및 화장품 등에 관한 체계적인 학습이 필요한 이유입니다. 뷰티미용학과는 헤어, 피부미용, 특수분장 및 메이크업, 네일아티스트 등 다양한 직무 분야에서 활약할 수 있는 뷰티 전문가 양성을 교육목표로 두고 있습니다. 뷰티산업의 발전에 따라 뷰티산업의 시장이 확대되고 다양한 형태의 교육기관이 증가하고 있습니다. 뷰티산업 분야에 취업하는 분야는 세분화, 전문화되었습니다. 미용전문가라고 하더라도 전문 분야에 따라서 헤어디자이너, 피부관리사, 체형관리사, 두피관리사, 메이크업아티스트, 스타일리스트, 네일 테크니션, 특수머리 전문가, 특수 분장사 등 다양한 진로분야가 있습니다(커리어넷 학과소개 자료 인용).

관련 자료

① 남성전용헤어숍을 하고 있는 송인한 씨에 관한 기사입니다(https://www.topstarnews.net/news/articleView.html?idxno=853572).

송인한 씨는 서울 마포구 서교동, 홍대 일대에 위치한 헤어숍을 운영하며 약 8억 원의 연 매출을 올리고 있는 서민갑부다. 해당 헤어숍은 100% 예약제로 운영되는 남성 헤어 전문 미용실로 알려져 있다. 남들의 시선을 의식하고 싶지 않은 이들을 위한 커튼방을 운영하고 있다. 송인한 씨는 그곳에서 탈모에 시달리고 있는 고객을 위한 솔루션을 제시하기도 했다. 바로 강한 파마를 통해 풍성한 모량을 만들어내는 것이다. 약 2시간에 걸쳐 파마 시술을 진행했고, 스타일이 훨씬 개선돼 눈길을 끌었다.

— 톱스타뉴스, 2020. 12. 29. 기사 중에서

② 가발 스타일리스트 김수아 씨에 관한 이야기를 소개합니다(http://www.ichannela.com/news/main/news_detailPage.do?publishId=000000331589).

채널A '서민갑부'에서는 맞춤형 가발 제작으로 연 매출 20억 원을 달성한 가발 스타일리스트 김수아 씨 이야기를 소개한다. 경기도 부천시 번화가에 위치한 수아 씨 가게는 가발러들의 관심이 집중되고

있는 핫플레이스다. 패션피플들의 최신 유행 트렌드를 가발로 디자인해내고 있는 수아 씨. 탈모를 가리기에 급급했던 예전 가발과 달리 그의 가발은 트렌디한 헤어스타일로 손님들의 소비 욕구를 자극한다. 시스루 파마, 세도 파마, 애즈 파마, 가일 파마 등 요즘 MZ세대들이 원하는 스타일은 전부 다 가능하다고.

또, 인모가발은 모(毛) 질이 각기 다른 여러 사람의 모발로 만들어져 어두운 염색으로 가공되어 나오는 것이 일반적이다. 이런 이유로 지금껏 탈모인들에겐 밝은 염색은 꿈도 못 꿀 일이었다. 하지만 수아 씨는 집념으로 인도네시아에 있는 직영 공장을 여러 차례 드나들며 연구해 염색법을 찾아냈다고. 이에 수아 씨의 가게에는 멋 부림을 만끽해 보겠다는 손님들로 예약이 줄을 서고 있다. 이뿐 아니라, 손님들이 수아 씨의 가발을 찾는 이유 중 하나는 바로 '무 약품 고정식'에 있다. 본인의 머리를 밀고 접착제를 붙여 가발을 고정하는 기존의 방식과 달리, 남아있는 본인의 머리카락을 사수하며 무 약품으로 두피에도 자극이 적은 링 고정식은 요즘 MZ세대 손님들의 지지를 받고 있는 것. 여기에 그는 가발용 숱가위 개발부터 연령대별 선호 모(毛) 양 평준화까지 하며 가발을 위해 끊임없이 연구 중이라는데.

이렇듯 가발에 진심이 될 수밖에 없었던 그의 사연에는 바로 남동생이 있다. 그는 탈모로 인해 거울 없는 캄캄한 방에서 우울증을 앓고 있던 남동생을 보며 가발 디자이너 직업을 운명으로 받아들이기로 했다고. 최근에는 세상을 떠난 항암 환자였던 본인의 오래된 손님을 떠올리며 가발 연구를 위해 삭발까지 결심했다는데.

— 채널A, 2023. 01. 20. 기사 중에서

③ 태국에서 헤어디자이너로 활약하고 있는 윤성준 씨 이야기입니다 (http://www.tvdaily.co.kr/read.php3?aid=14630311791113669002).

'서민갑부'에서 50억 자산을 일군 미용사 윤성준 씨의 이야기가 전파를 탄다. 12일 방송되는 종합편성채널 채널A '서민갑부'에서는 열여덟 살 어린 나이에 미용업계에 발을 들인 윤성준 씨가 10년 만에 능력 있는 헤어 디자이너로 성장한 이야기가 그려진다. 윤성준 씨가 성공을 쟁취

> 하기 위해 선택한 것은 '해외 시장'. 좁고 포화된 한국 시장 대신 해외 시장으로의 도전을 선택한 그는 단돈 120만 원을 들고 과감히 태국행을 선택했다.
>
> 하지만 언어도 문화도 다른 태국에서 자리 잡기란 쉬운 일이 아니었다. 밤낮을 가리지 않고 태국어를 배운 윤성준 씨. 끝없는 노력 끝에 미용실을 열게 된 그는 '한국에서 온 No.1 헤어디자이너'를 내세워 공격적인 마케팅을 펼쳤다. 때마침 태국을 강타한 한류 열풍에 힘입어 윤성준 씨는 미용실 오픈 4개월 만에 2호점을 낼 수 있었다고.
>
> 태국에 온 지 올해로 10년이 된 그는 현재 자타공인 태국 최고의 미용사로, 4곳의 미용실을 운영하고 있다.
>
> —티브이 데일리, 2016. 05. 12. 기사 중에서

입시결과

광주대 뷰티미용학과 2022 수시 기준 경쟁률은 6.2대 1입니다. 학생부 교과 일반전형 70%컷 6.8입니다. 호남대 뷰티미용학과 학생부 교과(일반고 전형)는 70%컷 6.6 경쟁률은 7.8대 1입니다. 학생부교과(일반학생전형)는 70%컷 6.3입니다. 남부대학교 경쟁률은 3.3대 1 학생부 교과 일반학생 전형은 70% 컷 6.5입니다. 을지대학교 미용화장품과학과는 학생부교과 면접우수자 전형 경쟁률 21.17대 1, 70%컷 4.3입니다.

서경대학교 헤어디자인학과 수시경쟁률은 14.04대 1이었습니다. 수시 교과우수자전형은 70%컷 3.42, 일반교과전형은 70%컷 2.17, 실기전형은 5.25였습니다. 서경대학교는 서울에 있고 예로부터 헤어디자인학과가 인기가 많습니다. 그러나 지방으로 내려올수록 컷은 떨어집니다.

취업상황

최근 졸업생의 취업현황을 살펴보기 위해 호남대학교 뷰티미용학과 홈페

이지에 방문하였습니다. 취업연도와 졸업생 이름(한 글자 가림) 및 취업처가 기록되어 있습니다. 학원경영 및 샵경영, 뷰티전문가, 강사, 교수, 미용특성화고등학교 교사로 분류되어 있습니다. 2021년 졸업생까지 기록되어 있습니다.

어떤 사람이 적합한가?

커리어넷 학과 인터뷰에서 허미라 교수(동신대학교 보건복지대학)는 다음과 같이 말합니다.

"미용은 사람의 인체를 다루고 건강하고 아름답게 만들어 주는 분야로서 인체에 관련된 생물학, 미용 제품에 관련된 화학, 예술과 관련된 미술 등에 관심이 많고 좋아한다면 뷰티미용학과와 잘 맞을 거라 생각됩니다. 무엇보다 중요한 것은 사람을 대하는 자세이기 때문에 사람을 대하는 것에 거부감이 없다면 좋을 것 같습니다."

학과 교육과정

을지대학교 미용화장품과학과 교육과정을 참고하겠습니다.

○ 미용학 전공

기초헤어, 뷰티메이크업, 기초피부관리, 기초네일, 드라이 및 아이론실습, 응용메이크업, 비만과 체형관리, 기초퍼머넌트, 전신피부관리, 기초헤어컬러링, 발반사학, 네일케어실습, 미용사회심리학, 환타지메이크업, 일러스트레이션실습, 메디컬스킨케어, 임상헤어, 경락미용, 미용문화사, 모발 및 두피관리, 응용피부관리, 고전헤어, 문제성 피부관리, 메디컬스파트리트먼트, 아로마테라피, 병원코디네이션, 에스테틱살롱트리트먼트

○ 화장품과학전공

기초화학, 피부생리학, 화장품학개론, 피부약리학, 화장품성분학, 생체유기화학, 영양과 건강, 모발과학, 계면화학, 화장품생물신소재, 기능성 화장품학, 해부생리학, 피부세포 생

물학, 화장품제조학I, 피부면역학, 공중보건 및 법규, 코스메틱 기기학, 화장품 미생물학, 화장품제조학II, 병원화장품론, 화장품 품질관리, 화장품 제조판매학

고등학교 때 선택과목에 대한 조언

- 공통과목: 미술, 윤리
- 일반선택과목
  - 예술교과: 미술
  - 사회교과: 생활과 윤리, 윤리와 사상
  - 교양교과: 철학, 심리학, 교육학
- 진로선택과목: 미술 창작, 미술 감상과 비평

이건 어디까지나 보편적인 예시안입니다. 다만 화장품과학 쪽에 관심이 있다면 화학을 해두는 것이 좋을 듯합니다. 그러나 대부분의 대학이 학생부종합보다는 교과전형으로 선발하고 컷이 높지 않은 대학에 진학한다면 어떤 과목을 배웠든 상관은 없습니다만, 전공에 따라 대학에 가서 교육과정을 충실히 따라갈 수 있는 과목을 잘 선택하여 공부해둘 필요가 있습니다(단 일부 대학에서 학생부종합전형으로 선발하는 인원이 있기 때문에 학생부종합전형으로 화장품과학과에 진학하고 싶다면 화학을 선택하여 공부하는 것이 유리할 것입니다).

뷰티미용 계열 직업에 대해 더 알고 싶다면?

kiu기우쌤: Q&A) 진로, 고민 상담, 미용에 관심 있으신 분들에게 도움이 되기를 바랍니다(지극히 개인적인 의견)

https://www.youtube.com/watch?v=f4VZPJC1orE

한쌤tv.Blissu: 헤어디자이너, 대학교 꼭 가야 하는가? 진로 고민이신 분들 영상 끝까지 보세요.

https://www.youtube.com/watch?v=MHQ-j-x2Lpo

렛스튜디오: 뷰티학과를 만나보았다_슬기로운 대학생활 [렛스튜디오]

https://www.youtube.com/watch?v=NgTIPDDW8gM

서경대학교 서포터즈 SKU CAST: 서경대학교 메이크업 디자인 학과 [신세영 교수님 인터뷰]

https://www.youtube.com/watch?v=zaRlUFtTzk0

밍구원: 화장품연구원이 되려면? 화장품연구원Q&A!

https://www.youtube.com/watch?v=Lese7zGRQIA

을지TV 을지대학교병원 을지대학교: 미용화장품과학과는 미용만 배우는 학과라고? | 어서와 이색학과는 처음이지?

https://www.youtube.com/watch?v=TM2HZ08NpZA

13. 관광경영학과(항공서비스학과, 호텔경영학과)

진로쌤의 이야기

2019년부터 2020년까지 항공서비스학과 진로에 뜻을 둔 학생들을 데리고 동아리를 운영한 적이 있습니다. 학생 중에는 승무원만이 아니라 호텔리어 등 서비스 직종에도 뜻을 둔 학생이 있어 다양한 직업탐색을 하게 하려고 노력했는데 관련 학과 졸업생들이 카지노 딜러 쪽으로도 취업된다는 것을 알게 되었습니다. 커리어넷 원격 진로 멘토링을 통해 카지노 딜러 직업을 가진 분과 특강을 진행했는데 유용한 정보를 많이 얻을 수 있었습니다(이 특강을 통해 개인적으로는 카지노 딜러라는 직업에 대한 선입견과 고정관념을 없앨 수 있었고 윤리의식을 갖고 전문가로 살아가는 직업인의 모습을 볼 수 있었습니다. 여기서는 승무원, 호텔리어, 카지노 딜러 직업을 중심으로 살펴보겠습니다). 관광경영학과, 항공서비스학과, 호텔경영학과 졸업생들 취업처도 비슷하기 때문에 묶어서 살펴보겠습니다.

학과소개

관광경영학과는 관광산업 전반에 대한 이론 수업과, 논문작성과 관련된 통계 및 연구조사방법 수업, 관광사업체 방문 및 업계인사 초청 특강 등 실무 중심의 수업을 통해 관광산업에 필요한 고급 인력을 양성하는 학과입니다. 관광학 분야는 여가와 관광에 대해서 체계적으로 연구하는 학문입니다. 관광경영학과는 굴뚝 없는 산업이라 불리는 초부가가치 산업에 대해 연구하는 분야입니다. 이에 관광경영학과는 미래 문화생활 패턴을 선도하는 관광 전문경영인, 한국의 매력을 창출하고 홍보하는 민간외교관을 양성하는 데 교육목표를 두고 있습니다. 관광산업을 '굴뚝 없는 산업' 또는 '황금 알을 낳는 거위'라 표현하기도 하며, 이제 하나의 필수 생활 문화로 자리 잡고 있습니다. 주요 교육 내용으로는 호텔, 여행사, 리조트, 테마파크, 컨벤션, 카지노 등 관광산업을 구성하는 구체적인 업종별 경영 및 개발, 관리에 대한 이론 및 기술적 내용과 관광 정책, 관광 자원 및 상품 개발, 국제 관광 진흥, 관광 법규, 관광 경제학, 여가 부문 등이 있습니다.

항공서비스학과는 국내외 항공사, 공항, 호텔, 리조트, 외식업체 등 항공관광관련 산업분야에서 필요로 하는 전문인력을 양성하는 학문입니다. 항공서비스학과는 항공기 승무원으로서 전문 서비스 제공에 필요한 영어, 일본어, 중국어 등의 외국어 교육 및 서비스 이론과 현장 실습 교육으로 지성과 전문성을 겸비한 승무원을 양성함과 동시에 항공산업에 대한 전문성과 글로벌 마인드를 함양한 전문적 인재 양성을 교육목표로 하고 있습니다. 자유무역협정으로 국가 간 상품과 인적 교류가 증가하고, 국민 소득 수준이 향상된 만큼 항공서비스학과는 항공 및 서비스 산업 분야에서 필요로 하는 전문적인 교육을 바탕으로 국제적 감각과 서비스 마인드가 투철한 서비스 인재 양성을 교육 목표로 합니다.

호텔경영학과에서는 호텔 등 숙박 시설의 고객과 관광객들의 다양한 수요를 만족시키는 것은 물론, 서비스의 질을 높이기 위한 호텔 경영 전반에 대해서 배웁니다. 졸업 후에는 미래의 관광산업 및 호텔산업을 성장시킬 전문 호텔리어가 될 수 있습니다. 졸업 후, 호텔 종사자·전문가 또는 호텔 지배인이 되기 위해서는 실무적인 경험이 중요합니다. 많은 호텔경영학과에서는 지역의 호텔과 연계하여 현장 밀착형 체험 수업을 진행하기도 합니다. 향후 여가의 중요성이 커짐에 따라 각종 관광 산업이 늘어날 것이고, 그에 따라 호텔 산업도 발전할 것이라 예상되므로 학과의 전망은 좋은 편입니다(커리어넷 학과소개 자료 인용).

관련 자료

전문대와 4년제 대학 관련 학과들이 있습니다. 취업에 있어 크게 다른 점이 있진 않지만 대학원 진학을 염두에 둔다면 4년제 대학을 졸업해야 합니다. 회사에 따라 간부 승진 시 4년제 대학 졸업자가 유리하다는 이야기를 들은 적은 있습니다. 항공서비스학과 교수님께 직접 들은 이야기인데 승무원 절반 정도는 항공서비스학과 출신, 절반 정도는 타 과 출신이라고 합니다. 관광 경영 분야가 대체로 이러할 듯합니다. 특히 외국어학과 출신들이 이 계열 취업으로 유입됩니다.

입시결과

가천대학교 관광경영학과는 2022 수시 기준 학생부 교과전형(학생부 우수자) 70%컷 2.6, 강원대학교 학생부교과(일반전형) 70%컷 3.4, 순천향대학교 학생부교과(교과우수자전형) 70%컷 4.5, 전주대학교 학생부교과(일반전형) 70%컷은 5.3, 제주대학교 학생부교과 일반전형은 70%컷 4.2, 동아대학교 학생부교과는 3.8, 학생부종합은 4.9입니다.

취업상황

커리어넷에 공지된 한국교육개발원 2020 취업통계를 보면 전체 취업률이

61.7%(남 64.3%, 여 60.8%)로 나와 있습니다. 2020년이면 코로나 시국이기 때문에 코로나 시국이 아닐 때보다 취업률이 더 떨어졌을 가능성도 있습니다. 워크넷-직업진로-직업전망-한국직업전망에서 '컨시어지'라고 검색하고 숙박시설 서비스원을 보면 일자리 전망은 향후 10년간 현상태 유지라고 나옵니다.

어떤 사람이 적합한가?

서비스직이므로 봉사정신이 기본 전제가 되어야 할 것 같습니다. 외국어를 능통하게 할 수 있는 능력도 필요합니다. 커리어넷 학과 인터뷰에서 김신창 교수(제주한라대학교 관광경영과)는 이렇게 말합니다.

"관광은 다양한 분야가 있습니다. 대표적으로 교통업 분야에서는 항공사에서 항공 서비스를 제공하는 승무원과 지상 근무요원, 코레일의 KTX에서 육상 운송 서비스를 제공하는 승무원, 크루즈선에서 해상운영 서비스를 제공하는 승무원이 있고요. 숙박업 분야에서는 호텔과 카지노, 요즘은 종합 휴양 리조트, 실버타운, 기업회의와 국제회의 및 전시산업과 관련된 직업, 여행업 분야에서는 해외여행 인솔자, 문화 해설사, 외국계 관광 관련회사 등의 직업에 관심이 있는 학생들이 입학하면 좋습니다."

학과 교육과정

경기대학교 관광문화대학 관광학부 관광경영전공 교육과정을 참고하겠습니다.

관광법규, 항공산업론, 관광마케팅, 크루즈산업론, 관광상품기획론, 관광정보론, 관광벤처론, 관광정책론 등

한서대학교 항공관광학과 교육과정을 참고하겠습니다.

글로벌 에티켓, 항공산업개론, 이미지메이킹, 항공안전, 항공글로벌커뮤니케이션, 식음료

서비스, 캐빈일본어실습, 호텔경영론, 항공영어, 기내방송실무, 항공사실무실습, 고객행동론 등

세명대 호텔경영학과 교육과정을 살펴보겠습니다.

이벤트경영론, 호텔식음료경영론, 관광학개론, 호텔영업회계, 호텔연회관리론, 카페메뉴개발실무, 컨벤션경영론, 호텔마케팅, 비서경영실무, 호텔소비자행동론, 휴미락경영 사례분석, 호텔취업멘토링 등

고등학교 때 선택과목에 대한 조언

- 공통과목: 사회, 생활·교양
- 일반선택과목
  - 사회교과: 한국지리, 세계지리, 사회·문화, 생활과 윤리
  - 생활·교양교과: 환경
- 진로선택과목: 실용 수학, 여행지리, 사회문제 탐구

특별하게 문·이과 제한이 있는 학과는 아닙니다만, 사회문화적인 지식과 외국어 능력(영어는 기본)이 중요하다고 여겨집니다. 기본적으로는 문·이과의 구별은 없습니다. 항공서비스학과 교수님 초청 특강을 했을 때 영어능력이 어느 정도 되어야 하는가, 라고 질문했습니다. 교수님께서는 기내에서 활용하는 영어회화들이 어느 정도 정해져 있기 때문에 열심히 노력하면 회화능력을 키울 수 있다고 답해주셨습니다.

관광경영 관련 진로에 대해 더 알고 싶다면?

세모이 세상의 모든 이야기: [ask:_] 카지노 딜러)

https://www.youtube.com/watch?v=qfyYG8ti27U

한국고용정보원직업진로동영상: 2021내일을JOB아라_카지노딜러

https://www.youtube.com/watch?v=61oZB6rEbUg

플라잉노트: 남자 예승이들에게 해주고 싶은 말들 | 남승무원 특집 3탄

https://www.youtube.com/watch?v=BpyeTe8fECg

AND(ft.인싸담당자: 전 대한항공 출신 승무원에게 승무원의 장단점을 물어보았다. [인싸터뷰 - 다 모셔옵니다])

https://www.youtube.com/watch?v=zaRlUFtTzk0

KBS다큐: [다큐3일] 호텔리어 72시간 _ 감동을 팝니다(1/2)

https://www.youtube.com/watch?v=SFZVDiwYEx0

혜림무: 5성급 현직 호텔리어 Q&A 드디어 공개...! | 호텔리어 학과 전공 연봉 취업학과라고? | 어서와 이색학과는 처음이지?

https://www.youtube.com/watch?v=esqdD_gRQG8

14. 동물 관련 학과

진로쌤의 이야기

수의학과를 제외한 동물관련 학과는 크게 두 가지로 분류됩니다. 한 분류는 예전에 축산학과로 불렸지만, 현재는 동물자원학과로 불리는 곳입니다. 이곳은 쉽게 말해 동물을 자원으로 활용하는 부분을 공부하는 학과입니다. 아무래도 축산업이나 고기 산업 부분과 관련이 있겠지요. 나머지 부류는 반려동물학과라고 해서 반려견 미용이나 동물병원의 보조인력(수의테크니션), 반려동물 관리, 혹은 사육사 계통과 관련된 것을 공부하는 학과일 것입니다.

강아지나 고양이를 좋아하는데 동물자원학과에 가서 충격(?)을 받았다는 이야기를 들은 적이 있습니다. 이름만 보고 진학해서는 안 되겠지요. 요즘에는 정보가 넘쳐나는 세상입니다. 진학 전에 충분히 정보 수집이 필요합니다.

2019년에 수의테크니션이 되겠다고 상담한 남학생이 있어 이후로 수의테크니션에 대해서도 정보를 찾기 시작했습니다(사실 수의테크니션이라는 직업명을 그 남학생을 통해 처음 알게 되었거든요). 현장 수의사분들 이야기를 들어보면 노련한 수의테크니션이 병원 진료에 필수적인 인력이고 전문가라고 합니다. 특히 고양이나 개 중에서도 덩치가 큰 애들을 진료하려면 체력이 좋은 수의테크니션의 노련함이 필요하다고 합니다.

동물 관련 직업은 수의사 이외에도 몇 가지 더 있습니다. 여기서는 수의사 이외의 직업을 가질 수 있는 동물 관련 학과들에 대해 알아보도록 하겠습니다.

학과소개

동물자원학과

과학 분야가 눈부시게 발달함에 따라 사람들이 이용할 수 있는 자원의 종류가 다양해지고 있습니다. 동물자원학과에서는 동물자원의 가공, 생산에서 이용에 이르기까지 모든 과정에 대해서 배웁니다. 동물자원학과는 이론과 실험을 바탕으로 이용할 수 있는 자원의 종류를 확대할 수 있는 동물자원 전문가를 양성합니다. 동물자원학과는 동물학, 화학, 경제학뿐만 아니라 동물생명공학, 동물환경공학, 동물사료공학, 생리활성 및 기능성 물질의 이용에 관한 지식을 배워 활용하기 때문에 다양한 분야에 응용되어 적용할 수 있습니다(커리어넷 학과소개 자료 인용).

반려동물과

최근 세계적으로 반려동물 시장이 폭풍 성장을 하고 있습니다. 우리나라도 선진국에 들어서면서 반려동물에 대한 사람들의 관심이 높아지고 있습니다. 반려동물과는 반려동물의 간호, 미용, 관리 등 실무적인 내용을 배우는 곳입니다. 반려동물과는 반려동물과 관련한 직업 및 산업 분야에 종사할 현장 실무 인력을 기릅니다. 인간 생활의 도시화, 핵가족화, 노령화 등으로 초래되는 인간의 소외감으로 인해 반려동물의 중요성이 강조되고 있습니다. 특히, 선진국으로 갈수록 반려동물 수요는 증가합니다. 앞으로 반려동물과 관련된 현장의 일자리가 늘어나면서, 반려동물과에서 담당해야 할 역할도 많아질 전망입니다(커리어넷 학과소개 자료 인용).

관련 자료

학생들이 사육사에 관심을 많이 갖고 있어 직업인 특강을 진행한 적이 있습니다. 동물관련학과 2년제, 4년제를 졸업하거나 사이버대학교의 동물관련학과를 졸업해도 사육사가 될 수 있다는 것을 알게 되었습니다. 현직 사육사분 말씀으로는 2년제, 4년제, 사이버대학, 학점은행제 그 어떤 곳을 나와도 사육사가 되는 것에는 큰 무리가 없다고 합니다. 다만 이 직업도 여느 직업과 마찬가지로 꾸준히 공부하면서 지식을 쌓고 실력을 높여야 하므로 본인은 대학원까지 다니고 있다고 말씀하셨습니다.

입시결과

동물자원학과

강원대학교는 학생부교과는 2022 수시 기준 70%컷 4.7이며 경쟁률은 12.33대 1입니다. 대구대학교는 학생부교과는 70%컷 3.6(경쟁률 4.94 대1) 학생부종합 서류전형은 70%컷 4.9입니다.

반려동물 / 동물보건복지학과

호서대학교 동물보건복지학과 학생부교과 성적은 2022 수시 기준 70%컷 3.0입니다. 광주여대 반려동물보건학과는 70%컷 5.4입니다. 동신대학교 반려동물학과는 70%컷 6.6이며 경쟁률은 3.48대 1입니다.

취업상황

최근 졸업생의 취업현황을 살펴보기 위해 호서대학교 동물보건복지학과 홈페이지를 방문하였습니다.

동물병원, 대학부설동물의료센터 동물원, 국립생태원, 마사회, 서울대공원, 삼성에버랜드, 동물테마파크, 대학병원, 바이오연구센터, 한국생명공학연구원, 안정성평가센터, 동물약품센터, 동물의료기기회사, 제약회사, 동물사료사, 펫샵창업, 동물방역사, 동물위생사, 농림축산검역본부, 국립환경과학원, 식품의약품안전처.

어떤 사람이 적합한가?

커리어넷 학과 인터뷰에서 신연호 교수(혜전대학 애완동물관리과)는 이렇게 말합니다.

"우선 자연, 또 생명에 대한 사랑, 관심이 있어야 합니다. 다음에 행동학, 동물과 사람과의 관계, 동물과 식물과의 관계, 사람과 자연과의 관계에 관심이 있는 사람 그리고 기본적으로 생명을 귀하게 여기고 또 존중하는 인성을 가진 사람들입니다. 사실 학과명도 반려동물관리과나 반려동물문화과로 개명할 필요가 있는데, 대중적 인지도를 감안해서 애완동물과라고 하고 있습니다. 그래서 기본적으로 자기 인성에 사랑, 봉사, 실천 정신이 있는 사람이라야 우리 과에 입학하고 전공을 이수해서 졸업할 수 있을 것 같아요.

이렇게 얘기하시면 좀 의아하게 생각하실지 모르지만, 인성이에요. 왜냐하면 지금 스마트 시대이기 때문에 아날로그 감성들이 사실 많이 퇴행됐다 생각됩니다. 디지털적인 마인드로 생명체에 접근한다는 것은 참 불가능하거든요. 그래서 그 생명체가 뭘 원하는지 상태가 어떤지를 빨리 파악할 수 있어야 해요. 그러려면 어려서부터 대인관계, 가족관계, 배려 이런 것들이 몸에 배어 있어야 사회 관련 과목, 말을 알아듣고 관계를 풀어나가기 때문에 국어, 그리고 그것과 관련된 인성 교양 과목이 제일 중요해요. 그리고, 생명과학과 관련된 것을 많이 알아야 합니다."

학과 교육과정

순천대학교 동물자원학과 교육과정입니다.

동물자원과학입문, 동물영양학, 동물세포공학, 동물유전학 및 실험, 동물자원생화학, 동물생리학 및 해부학, 반려동물학, 동물번식학 및 실험, 사료정보시스템학, 동물전염병학 및 실험, 동물육종학 및 실습, 축산식품위생안전학, 친환경중소동물학, 동물내분비학, 동물면역학, 식육가공학 및 실습 등

동신대학교 반려동물학과 교육과정입니다.

동물질병학, 동물해부생리학 및 실습, 동물공중보건학, 의약관리학 및 실습, 견기초훈련, 동물보건행동학 및 실습, 펫고급미용실습, 실험동물학, 펫기능사료개발학, 반려동물창업과 실무 등

고등학교 때 선택과목에 대한 조언

- 공통과목: 과학, 윤리, 교양, 수학
- 일반선택과목
  - 과학교과: 생명과학 I , 화학 I
  - 사회교과: 생활과 윤리, 사회문화, 윤리와 사상
  - 교양교과: 환경, 보건학, 철학, 생활과 창의성, 논술
- 진로선택과목: 생명과학 II , 융합과학, 생활과 과학, 화학 II , 농업생명과학, 사회문제 탐구

생명과학을 선택하지 않았거나 문과 학생이어도 관련 학과에 진학하는 것에는 큰 제한이 없습니다. 왜냐하면 학생부교과전형으로 학생을 선발하는 대학이 대부분이고 전문대학은 학생부종합전형이 없기 때문입니다. 입학 후 교육과정을 잘 따라갈 수 있으면 그것으로 충분합니다(단 일부 대학에서 학생부종합전형으로 선발하는 인원이 있기 때문에 학생부종합전형으로 관련 학과를 진학하고 싶다면 생명과학을 선택하여 공부하는 것이 유리할 것입니다. 이과이고 관련 학과 특성상 기본적으로는 화학과 생명과학을 공부해야 할 것입니다만 두 개 다 하기 버겁다면

생명과학을 꼭 이수하는 것이 유리할 것입니다. 특히 동물자원학과와 반려동물학과는 주로 배우는 것이 다르다는 점도 유의해야 합니다. 동물자원학과라면 생명과학과 화학에 대한 지식이 많이 요구됩니다. 반려동물학과라면 이곳이 문·이과의 구별이 명확하진 않습니다. 실질적으로 문과 학생들도 반려동물학과에 진학하고 있기 때문입니다).

동물 관련 직업에 대해 더 알고 싶다면?

말하는 동물원 뿌빠TV: (SUB) 에버랜드 사육사의 하루는 어떨까? 출근부터 퇴근까지 밀착취재 해봤습니다 | 브이로그 | Everland Lost Valley. https://www.youtube.com/watch?v=_6abNDApR9U

tVN D ENT: [#유퀴즈온더블럭] '사육사의 발자국 수에 동물들의 건강과 행복이 비례한다' 호랑이 오둥이를 돌보는 사육사 자기님들의 육아(?) 이야기 https://www.youtube.com/watch?v=D7mtgVd4Hx4

슬기로운 성심생활: [아무튼 출근 패러디] 24시 동물병원 수의테크니션 팀장 재고조사정리부터 보정, 수의보조까지! |#수의테크니션 #아무튼동물병원 https://www.youtube.com/watch?v=heeA97BZIXQ

유앤미 부산 24 UN동물의료센터: 수의테크니션 자격증부터 수의테크니션에 대한 모든 것 공개! https://www.youtube.com/watch?v=Wc2qY3rQmZA

엠뚜루마뚜루: [아무튼 출근] 속 보면 등급 척척! 1++ 만두(?)를 꿈꾸는 의지충만 병아리 평가사 이유리 |#축산물품질평가사 #이유리 MBC211109방송) 주로 축산학과나 동물자원학과를 졸업하면 축산물품질평가사를 할 수 있습니다. https://www.youtube.com/watch?v=L9hKAHjeKps

15. 수산생명의학과

진로쌤의 이야기

지방의 한 대학의 모집요강을 살펴보다가 '수산생명의학과'라는 특이한 학과 이름에 매료되어 정보를 찾기 시작했습니다. 수산생명의학과를 졸업하면 가질 수 있는 대표적인 직업은 어의사(魚醫師) 즉, 주로 양식장의 물고기들의 질병을 진단하고 치료하는 전문가입니다. 이 외에도 수산해양청, 해양관련 회사, 아쿠아리스트 등에 취업하기도 합니다.

학과소개

커리어넷에서는 해양생명과학과로 나왔습니다. 커리어넷에서는 학과개요와 학과특성을 다음과 같이 설명하고 있습니다.

최근 육상 자원 부족과 해양의 경제적 가치 증가로 인하여 세계적으로 해양개발과 보존에 관심이 집중되고 있습니다. 해양생명과학과는 수산·해양 동·식물의 양식과 생리생태와 자원의 이용에 관한 학문으로서 수산·해양자원의 이용에 관한 여러 응용 교과목을 학습할 수 있습니다. 지금까지 해양생물자원은 주로 생물자원 생산에 집중되었으나, 21세기 해양생물자원의 이용은 생명공학에 의한 신품종 개발과 해양생물로부터 신소재와 신물질의 탐색·개발에 집중될 것으로 전망하고 있습니다(커리어넷 학과소개 자료 인용).

전남대학교 여수캠퍼스 수산생명의학과는 학과소개를 다음과 같이 하고 있습니다.

수산생물의 생리와 생태, 해부 및 조직학적 이해와 바이러스, 기생충, 세균, 진균 등 병원체에 대한 이해, 수산 환경과 수산 약품에 대한 이해를 토대로 수산생물에서 발생하는 각종 질병의 진단과 치료와 예방대책을 제시하고 식품으로서 안전한 수산물공급에 필요한 전문인을 양성하는 데 목적이 있다. 수산생명의학과에는 병원미생물학실험실, 조직병리학실험실, 진단학실험실, 환경생리학실험실, 어병예방학실험실, 약리학실험실, 어류바이러스학실험실, 임상학실험실을 갖추어 분야별 임상실험과 교육, 새로운 학술적 이론과 그 응용기술 연구, 과학적 기술 습득의 기회를 제공하고 있다. 2004년부터 시행되고 있는 국가 면허 제도에 의한 수산 질병 전문가인 수산질병관리사를 다수 배출하고 있으며 재학 중 수산질병관리사, 위생사, 수산양식기사를 취득할 수 있으며, 국립수산과학원, 국립수산물품질검사원 등 공무원과 연구직, 양식현장, 수산물 유통분야, 제약회사, 사료회사, 해양수산 관련 언론사, 아쿠아리움 등 다양한 분야에서 활동할 수 있다.

관련 자료

'입시랩: 어의사가 꿈이라면 어느 대학으로 진학해야 할까'를 소개합니다 (https://blog.naver.com/beaguen/221606080420).

안녕하세요, 오늘은 어의사가 꿈인 학생분들께 좋은 소식을 들고 왔답니다 :)

현재는 수산질병관리사라는 이름으로 불리고 있는 어의사는 많은 사람이 잘 모르는 이색직업인데요. 어의사로 나아갈 수 있는 발판이 되는 수산생명의학과는 선문대를 포함하여 다섯 군데밖에 없는 희귀 학과입니다. 사람이 아프면 의사에게 가고 반려동물이 아프면 수의사에게 갑니다. 그럼 수산생물이 아프면 누구를 진료해야 할까요?

바로 '수산질병관리사'입니다. 수산질병관리사(가칭 어의사)는 수산생물을 진료하거나 수산생물의 질병을 예방하는 어패류 치료 전문가를 말합니다. 현재 후쿠시마 해산물에 대한 반감이 커짐에 따라 국내 수산물로 관심이 쏠려가는 중인데요. 이에 따라 수산질병관리사의 입지도 커지고 있습니다. 바이러스 및 세균성 질병 등 양식장에서 발병하는 각종 질병에 처방전을 내려 의약 투입 및 수술 및 사체 검안 등 물고기의 건강/질병에 관한 전반적인 것을 다룹니다. 양식장에 방문해 진단한 뒤 약제를 판매하거나 진료부나 검안서, 폐사증명서 등을 발급합니다. 외에도 수산생명관련 공무원이 되거나 연구사가 되어 수상생명의학연구를 하는 경우도 있습니다. 또한 아쿠아리스트가 돼 수산물의 건강관리나 질병예방에 관련된 업무를 할 수도 있습니다.

뿐만 아니라 수산질병관리사가 되면 수산질병관리원(가칭 어류 병원)을 개원해 수산생물질병의 진단, 치료, 예방 업무를 할 수도 있습니다. 지구온난화로 인한 바다 생태계 변화와 활발한 국제 교역으로 인해 이전에 우리가 경험하지 못한 다양한 병원체들이 유입되고 있고, 경제활동으로 인한 오염물질의 유입으로 수서생물들의 대량폐사 등 문제가 야기되기 때문에 수산질병관리사의 입지는 점점 커지고 있습니다.

입시결과

강릉원주대학교 학생부교과(해람인재) 2022 수시 기준 70%컷 4.9, 학생부종합은 70%컷 5.6입니다. 부경대학교 학생부종합은 경쟁률 10.71대 1, 70%컷 2.7입니다. 군산대 학생부교과는 70%컷 4.2, 선문대학교 학생부교과는 70%컷 3.8, 전남대 여수캠퍼스 학생부교과는 70%컷 3.7, 제주대학교는 학생부교과 70%컷 4.0입니다. 학생부종합까지 잘 준비하고 대학을 잘 선정한다면 4~5등급 학생에게도 기회는 부여될 수 있습니다. 대체로 교과전형은 3등급대입니다.

취업상황

최근 졸업생의 취업현황을 살펴보기 위해 선문대학교 수산생명의학과 홈페이지에 방문하였습니다. 졸업후 진로를 다음과 같이 명시하고 있습니다.

한국해양과학기술원, 한국해양연구소, 국립보건연구원, 한국생명과학연구원, 수산물검역검사본부, 해양수산부, 시청·도청 수산과, 국립수산과학원, 국립수산물품질검사원, 동물약품회사, 사료회사, 수산물 유통회사 등

어떤 사람이 적합한가?

커리어넷 학과 인터뷰에서 허준욱 교수(군산대학교 해양생명응용과학부 해양생명과학전공)는 다음과 같이 이야기합니다.

"평소에 생물에 대한 관심이 많은 학생에게 추천합니다. 생물 중에서 해양생명과학과는 물속에 사는 생물(플랑크톤, 어류, 패류, 갑각류 및 해조류)에 관심이 많은 학생이면 더욱 좋습니다. 이러한 생물학적 기초 학문을 응용 및 활용한 깊이 있는 탐구심과 호기심을 많이 가지고 있는 학생들에게 적합한 학과입니다."

학과 교육과정

제주대학교 교육과정을 참고하겠습니다.

수산생명과학개론, 일반생물학, 일반화학, 유기화학, 유전학, 어류양식학 및 실습, 수산동물학, 생화학, 수산질병학개론, 병원미생물학, 어류해부학, 어병학 및 실습, 어류면역학, 어류조직학, 어류생리학, 기능성식품학, 해양천영물학 및 실습, 어류병리학, 약리학, 수산식품위생학, 어류백신학 등

고등학교 때 선택과목에 대한 조언

- 공통과목: 과학, 윤리, 교양, 수학
- 일반선택과목
  - 과학교과: 화학 I, 생명과학 I
  - 사회교과: 생활과 윤리, 사회문화, 윤리와 사상
  - 교양교과: 환경, 보건학, 철학, 생활과 창의성, 논술
- 진로선택과목: 생명과학 II, 융합과학, 생활과 과학, 화학 II, 농업생명과학, 사회문제 탐구

이건 어디까지나 보편적인 예시안입니다만, 생명과학과 화학을 선택하여 공부해두는 것이 대학 진학 후 수업을 따라가는 데 애로사항이 없을 것 같습니다.

수산질병관리사에 대해 더 알고 싶다면?

tvn: 어(漁)의가... 있네...? 물고기만을 위해 존재하는 의사, 수산질병관리사 #highlight #수상한이웃 EP.4
https://www.youtube.com/watch?v=f-O8C7ur6M4

선문대학교 오! 써니데이: 수산생명의학과 전망? 말해 뭐해! 선문대 수산생명의학과 재학생에게 듣는 현실!
https://www.youtube.com/watch?v=xL4ZAjB3d5I

해양수산부 어서오션TV: 물고기를 치료하는 직업! 수산질병관리사 되는 방법 [일자리의 바다]
https://www.youtube.com/watch?v=F5mD-YMVX7E

세븐펫: 아쿠아리스트 되는 법, 연봉, 학교, 학과, 현실 아쿠아리움에 20대를 올인했습니다(아쿠아리스트 광범님. 아쿠아리스트에 대한 이야기입니다.
https://www.youtube.com/watch?v=KhZIrlsJaio

16. 한약자원학과

진로쌤의 이야기

몸이 허약해지고 감기에 자주 걸렸을 때 누군가 쌍화탕을 추천해주었습니다. 일반 약국에서 사는 쌍화탕이 아닌 한약국에서 한약사가 지어주는 쌍화탕이었습니다.

한약과 관련한 직업이라면 흔히들 한의사만 떠올립니다. 그러나 실제로 대입정보포털 '대학 어디가'에서 학과정보에 한약이라는 키워드 혹은 한방이라는 키워드를 넣었을 때 한의예과 아닌 관련 학과들이 검색됩니다. 즉 한의사 이외의 직업들도 존재하고 있습니다. 어떤 학과들이 있고 어떤 진로가 있는지 탐색해봅시다.

학과소개

한약자원학과는 한약자원식물의 개발, 생산, 이용 및 상품화에 관한 연구를 하는 곳입니다. 우수한 한약자원의 재배, 유통, 가공, 저장, 분류, 분석, 개발 등에 관한 체계적인 학습과 실험· 실습을 통하여 현장에서 실무능력이 뛰어난 유능한 한약자원 전문인을 육성합니다. 한국적이고 전통적인 분야인 한약재의 개발과 한약 산업의 과학화를 추구하는 전공입니다. 한약자원의 특성상 동물, 식물, 광물, 환경, 약재 등 다양한 재료를 다루고 탐구합니다.

한약자원학과는 한약자원을 유통하는 한약도매관리자 양성을 주목표로 합니다.

한약과 관련된 자료가 상당 부분 한자로 이루어져 있기 때문에 한자에 대해 거부감이 없어야 할 것입니다. 사람의 생명과 연관된 한약자원, 한약재에 대한 탐구를 하는 전공이기 때문에 화학과 생물에 흥미와 적성을 지니면 도움이 됩니다(커리어넷 학과소개 자료 인용).

관련 자료

한약학과 졸업 후 한약사에 되는 것에 대한 자세한 정보가 실려 있습니다(https://blog.naver.com/pso164/222973561929).

약사와 한약사의 차이에 대해 설명되어 있습니다. 약대를 졸업하면 약국을 개업할 수 있고 한약학과를 졸업하면 한약국을 개업할 수 있습니다(주의할 점은 한약국을 차리기 위해서는 경희대 한약학과, 우석대학교 한약학과, 원광대학교 한약학과를 졸업해야 한다는 점입니다. 이곳들은 입시성적 컷이 높습니다. 왜냐하면 약사가 될 수 있기 때문입니다. 단 양약 제조 판매가 아닌 한약 제조 판매 전문가이지요).

순천대 바이오한약자원학과 박종철 교수 인터뷰입니다. 약초 연구에 대한 열정과 약초와 제약의 관계에 대한 설명이 간단히 나와 있습니다(https://post.naver.com/viewer/postView.naver?volumeNo=30985037&memberNo=44604681&vType=VERTICAL).

입시결과

우석대학교 한약학과는 2022 수시기준 학생부교과 경쟁률 4.72대 1, 70%컷 1.9, 원광대학교 학생부종합 70%컷 2.7로 상당히 높습니다(한약학과는 한약사가 될 수 있는 유일한 학과입니다).

한약학과는 아니지만, 한약 연구와 관련한 학과를 탐색해보겠습니다(한약학과가 아닌 곳은 졸업해도 한약사는 될 수 없습니다). 전북대 한약자원학과는 2022 수시 기준 경쟁률 4.71, 학생부교과 70%컷 5.4입니다. 순천대학교 바이오 한약자원학과도 검색됩니다. 한방이라는 키워드를 넣었을 때 한방스포츠의학과가 검색됩니다. 대구한의대 한방스포츠의학과도 눈에 띕니다.

전문대학을 찾아봅시다. 동의과학대학교 한방약재과 일반고전형 내신등급은 커트라인이 3.2입니다. 동의과학대의 경우 2023년에 교과성적 80점, 출결 20점을 반영하였습니다. 내신산출은 지정교과(국어, 영어, 수학, 사회, 과학) 중 5과목 + 선택된 지정교과 외 5과목(총 10과목)이라고 명시되어 있습니다. 반영방법은 과목별등급입니다. 수원여자대학교 바이오약용식물과가 검색됩니다. 수원여대 등급은 평균 5.65입니다. 5개 학기 중 최우수 2개 학기 평균으로 내신성적을 산출합니다.

취업상황

졸업생의 취업현황을 살펴보기 위해 동의대학교 한방약재과 홈페이지에 방문하였습니다. 졸업 후 진로에 대해 다음과 같이 명시하고 있습니다.

취득 가능 자격증

한약재관리사 / 병원코디네이터 / 간호조무사 / 한방코디네이터 / 피부관리사 / 위생사 / 약초재배관리사 / 서금요법사 / 국제의료관광코디네이터 / 약용식물해설사 / 요양보호사 / CS leaders

진출가능분야

한약재 재배·제조·유통업 / 양한방 제약회사 / 양한방 병·의원 / 요양병원 / 약국 / 메디컬 / 에스테틱 / 건강기능식품 제조·유통회사 / 웰빙 제품·서비스 관련분야, 편입학(전공심화과정, 연계(부경대 자원생물학과, 동의대학교 의료경영학과), 4년제 한약관련학과, 간호학과·물리치료과 등 보건계열)

졸업생 현황 인터뷰도 실려 있습니다.

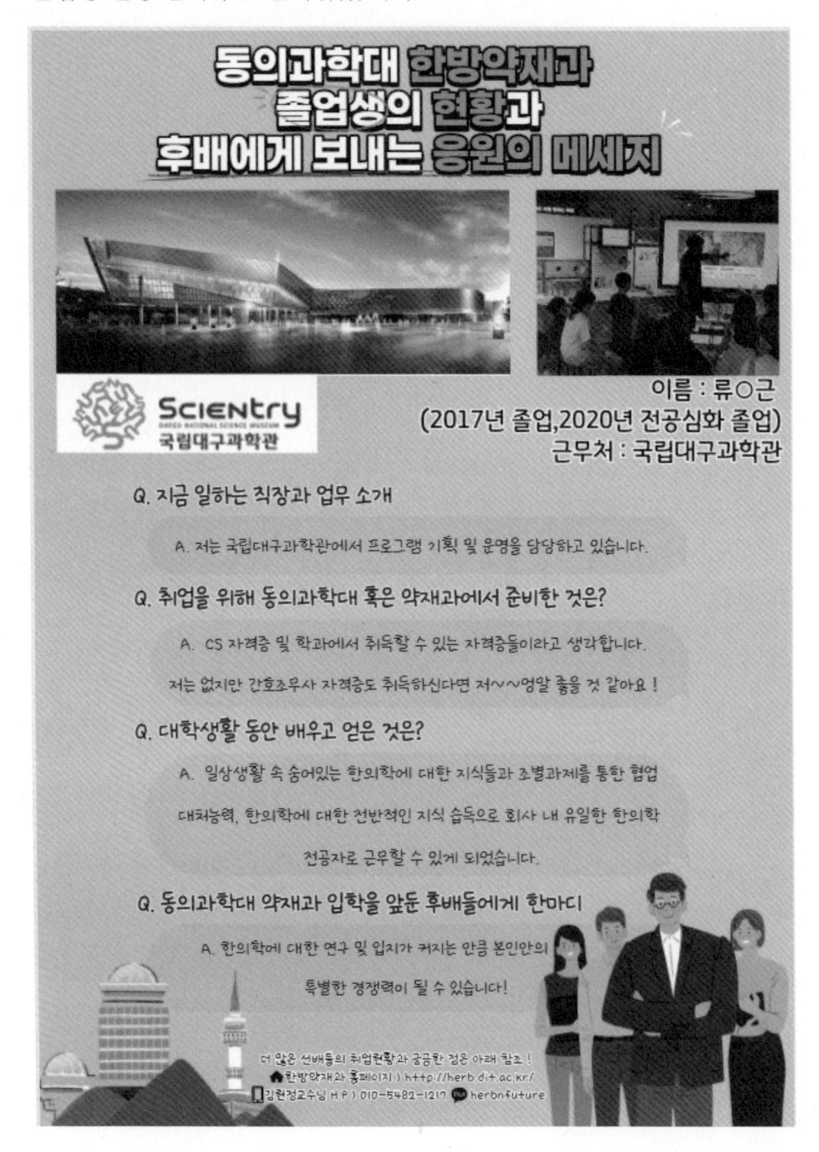

어떤 사람이 적합한가?

커리어넷 학과 인터뷰에서 양덕춘 교수(경희대학교 한방재료공학과)는 이렇게 말합니다.

"먼저, 한약(약용식물)에 관심을 가지고 이의 재배, 성분, 분석, 효능 및 신소재를 개발하고자 하는 학구적인 인재가 적합합니다. 그다음으로는 졸업 후 한약 관련 회사에 취업을 희망하고자 하는 학생에게 적합합니다. 이 학과에서는 가장 기본이 생물 관련 학과이므로 고등학교에서는 우선 생물을 잘해야 하며, 또한 화학이 기본으로 성적이 어느 정도 되어야 합니다. 화학이 어려우면 전반적으로 어려움이 많을 것으로 생각됩니다.

성공적인 실험을 위한 과학 실습을 기반으로 하는 수업 혹은 이와 동등한 경험이 많을수록 좋습니다. 예를 들면 해당 학교에서 진행하는 주니어 칼리지 및 오픈 캠퍼스 등의 방법을 사용하면 좋습니다. 그리고 영어 논문 및 외국인 학생들과 원활한 소통을 위한 영어 공부가 필요합니다. 학과의 경우 졸업 시 토익 800점 정도의 공인 영어 점수가 필요합니다."

학과 교육과정

전북대학교 한약자원학과 교육과정을 참고하겠습니다.

한약학개론, 약용식물조직 배양학 및 실습, 본초학, 분석화학 및 실습, 천연식의약소재학, 유기화학 및 실험, 생물통계학, 한약감정학, 생약과 건강, 대체요법, 한약규격집, 한약관리학, 건강기능식품학 등

고등학교 때 선택과목에 대한 조언

- 공통과목: 과학, 교양, 영어
- 일반선택과목

- 과학교과: 생명과학Ⅰ, 화학Ⅰ, 지구과학Ⅰ, 물리Ⅰ
- 교양교과: 환경, 보건학, 논술, 생활과 창의성, 진로와 직업
- 영어·생활교과: 영어Ⅰ, 영어Ⅱ, 기술가정, 정보

• 진로선택과목: 생명과학Ⅱ, 융합과학, 생활과 과학, 화학Ⅱ, 농업생명과학, 공학일반, 창의경영, 해양문화, 기술

이건 어디까지나 보편적인 예시안입니다. 화학과 생명과학을 배워두는 것이 대학 입학 후 학습하는 데 있어 어려움이 없을 것으로 보입니다. 화학이나 생명과학 기초를 배우지 않은 채 입학이 결정되었다면 합격증을 받은 후 지식을 쌓고 입학하길 권유합니다.

한약 및 한방관련 직업에 대해 더 알고 싶다면?

한알: 한약사 Q&A | 한약사가 소개하는 한약사 | 한약사가 뭔가요? | 한약사 연봉? 한약사의 장단점? 한약사가 되려면? | 한약 알려주는 한약사 한알
https://www.youtube.com/watch?v=CTHD79DmJBM

한방아씨: 서울약령시 직업탐구 1편! (한약방&한약국)
https://www.youtube.com/watch?v=2L_qfEvkmmU

동의과학대학교 한방약재과: 동의과학대학교 한방약재과 학과 소개 영상
https://www.youtube.com/watch?v=MqhJO06w6lw

17. 식품영양학과

진로쌤의 이야기

임용고시 경쟁률을 분석하면서 비교과 교사 임용(비교과교사는 영양·사서·보건 교사입니다)에 대해 관심을 갖게 되었습니다. 영양교사 선발에 대해 정보를 수집하면서 식품영양학과에 대한 정보를 수집하곤 하였습니다. 식품이란 키워드를 검색하면 식품영양학과도 있고 식품공학과도 있습니다. 둘은 대학에서 배우는 것이 약간 다르지만, 졸업 후 진로는 비슷하게 겹치는 부분도 많습니다. 영양교사가 되려면 식품영양학과를 다니면서 교직이수를 해야 영양교사 2급 정교사 자격증을 갖게 됩니다. 식품영양학과를 졸업하면 영양교사가 아니더라도 영양사, 식품관련 회사 취업할 수도 있습니다. 여러 가지 진로 설계가 가능한 식품영양학과에 대해 알아보겠습니다.

학과소개

식품영양학은 바른 식생활의 확립을 통해 사람들의 건강 증진에 기여하는 학문입니다. 식품영양학과는 건강한 식품을 공급하여 국민보건 향상에 기여할 수 있는 전문 기술인을 양성하는 것을 교육 목표로 합니다. 학과 과정은 크게 식품학과 영양학으로 구분되며, 식품학은 식품의 생산부터 취급, 소비에 이르는 모든 단계를 연구하고, 영양학은 식품 소비시 인체에 일어나는 생리학적, 생화학적 현상을 연구합니다.

식품의 다양화 및 외식산업의 성장 등에 힘입어 식품산업 분야가 주목받고 있습니다. 웰빙, 건강, 유기농, 간편식 등 맞춤형 식품 영양에 대한 수요가 늘어나고 있으며, 최근에는 푸드스타일리스트, 식공간연출가 등 다양한 전문 분야로도 진출 가능합니다(커리어넷 학과소개 자료 인용).

관련 자료

<TV공감>에 나온 '당연히 있어야 할 영양사의 중요성 일깨워 준 한국인의 식판' 내용을소개합니다(http://www.tvdaily.co.kr/read.php3?aid=16799813081671005002).

'한국인의 식판'에는 다른 게 하나 있다. 바로 영양사가 함께한다는 것. 여정에 함께한 김민지 영양사는 기업 구내식당 총괄 매니저로 근무 중인데, 세경고등학교에서 근무할 당시 폭립치즈퐁듀·랍스터·탄두리치킨 등 이른바 '명품 급식'을 제공해 화제를 모은 바 있다. 높은 관심에 힘입어 '유 퀴즈 온 더 블록'에 출연하기도 했다. 김민지 영양사는 '한국인의 식판'에서도 엄청난 존재감을 뿜어냈다. 급식실 총책임자로 나선 그는 본격적인 조리에 돌입하기 전, 먼저 출연자들에게 기본적인 위생 수칙을 전달하며 경각심을 불러일으켰다. 수칙에 의거해 구역을 채소 구역과 육류 구역으로 나누는가 하면, 위생장갑을 필수로 착용하게 한 뒤 칼, 도마도 "식재료별로 구분해서 사용해야 한다"고 거듭 강조했다.

베테랑 셰프 이연복이 이를 깜빡하고 나무 도마 위에서 육류를 손질할 때도 쓴소리를 아끼지 않았다. 그는 "이 도마 쓰면 안 된다. 육류는 빨간색이다"라고 지적한 뒤 위생을 위해 손질된 닭고기를 바트 안으로 옮겨놨고, 이연복 셰프는 "마음속으론 되게 짜증 났다"라고 투덜거리다가도 "사실 그게 맞는 거다"라고 위생 검열의 중요성을 인정하는 모습을 보이기도 했다.

"맛도 중요하지만 급식실은 위생이 가장 중요하다"는 김민지 영양사의 말처럼

> 음식을 대량 조리하는 데 있어 가장 중요한 건 위생이다. 식재료를 자칫 잘못 관리했다간 대형 식중독 사태가 벌어질 수 있기 때문. 심지어 예능에서 이 같은 사고가 발생한다면 손해 배상 청구 소송을 받는 건 당연하고, 출연진들의 이미지까지 깎일 수 있기에 더 조심해야만 한다.
>
> 하지만 지금까지의 음식 예능들은 출연자들에게 보건증을 따게 하고 기초적인 위생 수칙만 전달할 뿐, 전문적인 지식을 지닌 영양사를 투입하진 않았다. 이로 인해 몇몇 예능은 위생 논란에 휘말리기도 했으나 큰 변화는 없었다. 반면 '한국인의 식판'은 당연히 있어야 할 영양사를 직접 투입시키며 안전하고 위생적인 조리의 중요성을 거듭 강조했고, 시청자들 사이에서도 호평이 쏟아지고 있는 중이다. '한국인의 식판'이 강조한 청결한 조리의 중요성이 다른 예능에도 긍정적인 변화를 일으킬 수 있길 바라본다.
>
> — tv데일리, 2023. 3. 28. 기사 중에서

랍스터 학교 급식으로 유명한 김민지 영양사에 대한 기사였습니다. 회사나 학교에서 대량급식을 하는 곳이 대부분이기 때문에 영양과 위생을 책임지는 영양사의 임무가 매우 중요하다고 여겨집니다.

〈시즈더타임〉에서는 식품영양학과와 식품공학과의 차이에 대해 쉽게 설명하고 있습니다(https://blog.naver.com/happyou_j/222739884309).

한마디로 식품영양은 어떻게 먹을까에 초점을 맞춘다면 식품공학은 어떻게 가공하여 새로운 식품을 개발할까에 초점을 맞춘다고 합니다. 둘의 취업과 진로방향은 비슷하지만, 식품영양학과만이 교직이수를 통해 영양교사 자격증이 주어지고 교직이수를 하지 않는다면 영양사자격을 취득할 수 있는 자격이 주어집니다.

이번에는 영양교사 임용고시 경쟁률을 살펴보겠습니다('네이버 카페 독금사'에서 인용).

<영양교사 임용고시(티오/경쟁률)>

	2022학년도					2021학년도				
지역	모집인원	지원인원	경쟁률	1차 합격선	2차 합격선	모집인원	지원인원	경쟁률	1차 합격선	2차 합격선
서울	25	152	6.1	80.0	170.0	51	215	4.2	60.3	157.7
경기	124	485	3.9	64.7	171.0	94	438	4.7	64.0	163.2
인천	22	82	3.7	73.0	169.7	33	126	3.8	58.3	160.8
대구	12	58	4.8	78.7	169.1	8	40	5.0	63.3	157.0
부산	19	100	5.3	78.0	173.3	8	86	10.8	73.3	170.5
대전	19	70	3.7	68.0	164.4	15	90	6.0	67.7	159.4
세종	10	36	3.6	75.3	166.9	4	24	6.0	58.7	151.6
광주	6	29	4.8	77.3	172.6	7	52	7.4	63.7	0.0
울산	7	46	6.6	76.7	169.2	7	49	7.0	61.0	157.6
강원	30	110	3.7	55.0	142.0	16	77	4.8	52.7	150.0
경북	38	136	3.6	66.5	160.0	33	140	4.2	57.3	155.7
경남	54	199	3.7	72.0	165.5	27	155	5.7	63.3	155.4
전북	28	121	4.3	67.0	158.7	15	102	6.8	54.7	149.9
전남	90	263	2.9	56.3	157.2	40	177	4.4	57.3	153.7
충북	30	92	3.1	61.0	155.5	33	120	3.6	53.3	150.3
충남	52	193	3.7	66.7	166.1	22	89	40.0	54.0	153.4
제주	18	45	2.5	56.7	155.5	6	37	6.2	71.0	163.3
합계	584	2217	3.8	69	163.9	419	2017	4.8	60.8	156.8

먼저 영양교사 임용고시 과목 티오는 2021 중등임용고시 419명에서 2022 중등임용고시 584명으로 증가하였습니다. 전국 평균 경쟁률은 2021년 4.8에서 2022년 3.8로 감소하였습니다.

입시결과

식품영양학과는 웬만한 대학에는 다 설치되어 있습니다. 그래서 대학별로 성적 차이가 큽니다. 중하위권 입결을 가진 대학 몇 군데를 살펴보겠습니다.

경성대학교 학생부교과 일반계교과전형 70%컷 4.0, 일반계고교면접전형은 4.7입니다. 동의대학교 학생부교과 일반고교과전형은 4.2, 학생부종합은 6.5입니다. 목포대학교 학생부교과는 4.6, 한림대학교 학생부교과전형은 4.3, 학생부종합은 4.9, 광주대학교 학생부교과는 6.9입니다.

취업상황

대전대학교 식품영양학과 졸업 후 진로를 살펴보면 졸업생 현재 활동 분야가 나와 있습니다. 어린이급식지원센터 센터장, 병원 및 요양기관 영양사, 영양교사, 단체급식시설 영양사(풀무원ECMD, CJ프레시웨이, 신세계푸드, 삼성웰스토리 등), 보건의료 연구 및 행정직(두산연구소, 질병관리본부, 식약처, 인삼연구소), 식품개발관련회사 등으로 기록되어 있습니다.

호남대학교 식품영양학과 홈페이지에 방문하였습니다. 2019년 졸업생 주요 취업현황은 식품제조업체 식품개발, 미래푸드시스템, 영양사, 요양병원요양사, 한방병원 영양사, 현대그린푸드 영양사, 동원홈푸드 영양사로 명시되어 있습니다. 2017년 졸업생 취업현황 중에서는 한국농식품분석연구소 연구원, 광주지방식약청 튼튼먹거리탐험대 매니저, 어린이급식지원센터 영양사 등이 눈에 띕니다.

어떤 사람이 적합한가?

커리어넷 학과 인터뷰에서 최영선 교수(대구대학교 식품영양학과)는 이렇게 말합니다.

"저희가 수시 면접이나 입학사정관제 입시에서 학생들하고 인터뷰를 많이 하잖아요. 그러면 학생들이 어릴 때부터 요리에 관심이 많았고, 특히 어머니가 요리하는 것을 보고 흥미를 느껴 식품영양학과에 응시했다 합니다. 학생들이 요리, 음식 이런 것에 관심이 많은 것 같고 또 여학생들은 다이어트에 관심을 가지니까 영양사라는 직업에 매력을 느끼는 것 같습니다. 또 초등학교 때부터 애들이 영양교사를 보니까 멋있게 보이고 또 자기가 영양사가 되면 더 잘할 수 있겠다는 생각을 하는 학생들이 지원합니다. 따라서 식품이나 음식, 다이어트 등에 관심이 많고 다른 사람에게 영양 상담을 해주고 싶은 학생이라면 우리 학과에서 공부를 굉장히 재미있게 할 수 있을 것이라 생각합니다.

대학 들어와서 화학이나 생물에 깊이 들어가는 것은 아니지만 학생들이 화학, 생물, 가정 과목 등에 관심을 가지고 어느 정도의 기본 지식을 갖고 들어왔으면 좋겠는데 그게 전혀 안 되어 있을 때는 들어와서 학생들이 고생을 많이 합니다.

식품영양학과에서는 기초과목, 영양학, 식품학 등의 교과목을 공부한 후에 조리학, 임상영양학, 식사요법, 영양교육, 영양상담, 식품가공 및 저장, 식품위생학, 단체급식관리, 급식경영학 등의 영양사 직무와 관련된 공부를 하면서 현장에 필요한 교과목들을 접하게 됩니다. 어떤 내용이 가장 중요한 공부인지는 학생이 원하는 진로 방향에 따라 다를 수 있습니다. 다만 이러한 교과목들이 서로 연계되어 있으므로 교과과정을 따라가면 점차 실무능력을 키울 수 있습니다.

식품영양학은 생활과학입니다. 사실 요리 같은 것이 다 과학이거든요. 그래서 실제로 과학을 가르칠 때 애들한테 요리를 가르치면서 색깔이 왜 변하는가, 왜 새로운 맛이 조리 후에 나타나는 지를 가르치면 어렵지 않게 과학을 받아들이게 되지요. 과학을 호기심으로 받아들이는 그런 태도가 필요합니다. 화학 과목은 너무 힘들고 어려워서 생각하기도 싫다는 태도는 조금 곤란해요. 식품영양학의 기본 원리가 상당히 물리, 화학, 생물학적인 기초 개념 위에 이루어진다는 사실을 이해하고 중·고등학교 때 조금만 준비하면 됩니다. 제가 생화학을 가르치는데, 처음에는 조금 따라오다가 기초가 없는 애들은 포기하기도 하거든요. 그리고 무엇보다도 자연현상을 이해하려는 마음, 알아보고자 하는 호기심 이런 태도가 매우 중요합니다."

학과 교육과정

목포대학교 교육과정을 참고하겠습니다.

식품과 현대사회, 식품화학, 분석화학실험, 실험통계학, 인체생리학, 영양생화학, 유기화학, 조리원리, 식품미생물학, 식생활관리학, 영양교육 및 상담, 식사요법 및 실습, 조리과학, 식품위생학, 영양교육론, 임상영양학, 기능성식품학, 급식경영 및 인사관리, 생애주기영양학, 식품구매 등

고등학교 때 선택과목에 대한 조언

- 공통과목: 과학, 생활·교양, 사회
- 일반선택과목
  - 과학교과: 생명과학 Ⅰ, 화학 Ⅰ, 물리 Ⅰ
  - 생활·교양교과: 기술가정, 정보, 보건학, 환경, 심리학, 교육학, 실용 경제
  - 사회교과: 사회문화, 생활과 윤리, 정치와 법
- 진로선택과목: 생명과학 Ⅱ, 화학 Ⅱ, 융합과학, 생활과 과학, 농업생명과학, 가정과학

영양사에 대해 더 알고 싶다면?

서울원병원TV: 영양만점! 서울원병원 식사를 책임지는 영양사의 하루 | 서울원병원 브이로그

https://www.youtube.com/watch?v=HWp1RzDYo4Q

영양교사 금정옥: 초등학교 영양교사 vlog, 직무 소개 A부터~Z까지!!

https://www.youtube.com/watch?v=XUqhgHX8qD8

밍톡: 식품영양학과 진로 7가지. 영양사가 다가 아닌! 방향성이 중요하다.

https://www.youtube.com/watch?v=p_5NXaeaJNs

18. 외국어 관련 학과

진로쌤의 이야기

<교육대기자TV> '이런 학과는 반드시 알고 지원해야 합니다' 영상 내용을 보면 도움이 됩니다(https://www.youtube.com/watch?v=R4CMrmkT3yk). 이 영상 2분 33초부터 영어영문학과 같은 어문계열에 대한 이야기가 잠시 나옵니다. 영어영문학과나 일어일문학과 등 어문학과는 그 나라의 언어를 배우기는 하지만 문학작품을 통해서 배운다고 볼 수 있고 더 정확하게 말하면 언어의 실용성보다는 문학작품 분석에 더 매진합니다. 단순히 취업현장에서 외국어를 유창하게 구사하게 만드는 교육과정보다는 그 나라의 문학작품 분석에 치중하기 때문에 이 점을 알고 진학하는 것이 좋습니다. 더 정확하게 말하자면 그 나라 언어를 배우는 목적이 문학작품을 연구하기 위함이라고 볼 수 있습니다.

요즘 대학들에서는 문학작품 분석보다는 실용적인 언어 유창성 증진에 목적을 두는 외국어 관련 학과들이 생겨났고 일부 어문계열 학과들이 교육과정을 바꾸고 학과 명칭을 바꾸기도 하였습니다.

외국어 관련 학과에 가는 분들이 유념할 점은 단순히 외국어만 잘해서는 취업이 어렵다는 사실입니다. 외국어도 잘 하지만 회사 관련 업무능력이 있어야 하겠지요. 그래서 전문적인 기술을 습득하기 위해 복수전공을 하거나 관련 자격증을 따두는 노력이 필요합니다. 외국어만으로 취업하겠다면 번역이나 통역 업무를 할 수 있지만, 이 분야의 전문가로 성장하려면 통번역대학원을 졸업하고 경력을 쌓는 등의 노력이 필요합니다.

결론은 그냥저냥 외국어만 잘해서는 취업이 어렵다는 것입니다. 굳이 외국어관련 학과를 나오지 않아도 외국어를 잘하는 사람들이 많습니다. 우리나라 안에서도 컴퓨터공학과를 다니면서 영어를 잘하는 사람, 경영학과를 다니면서 중국어를 잘하는 사람들은 많죠. 그래서 외국어 관련 학과의 취업경쟁력을 높이려면 실무 능력을 키울 수 있는 부전공과 복수전공에 관심을 둘 필요가 있고, 학과 자체에서 이런 능력을 키워주고 관심 두는 곳이 어디인지 파악해볼 필요도 있습니다.

여기서는 실용적인 언어 습득 및 취업까지 연결되는 3개 대학 학과를 소개하고자 합니다. 여기 소개한 대학 이외에도 취업 연계 강화 외국어 관련 학과가 있을지 모르니 더 탐색해보시기 바랍니다. 학과 홈페이지에 들어가면 많은 정보를 얻을 수 있습니다.

학과소개

(1) 조선대학교 GBC(글로벌비즈니스 커뮤니케이션학과)

조선대 글로벌비즈니스커뮤니케이션학과는 원래 불어불문학과였으나 교육과정 개편을 통해 영어와 프랑스어 실용 회화 교육 및 실무 중심교육을 통해 해외 취업을 목표로 하는 학과로 개편하였습니다(홈페이지 참조).

GBC학과는 21세기 급변하는 사회변화에 부응하기 위해 지난 수년간 학년별 맞춤형 교육과정 및 해외프로그램 개발에 많은 노력을 기울여왔습니다. 그 결실로 프랑스어권문화학과를 기반으로 지난 2016년부터 글로벌 인재로 활약하고 있는 해외취업자들을 다수 배출하였습니다. 이에 2020년부터 글로벌 인재 양성에 맞춰진 현 학과의 커리큘럼과 프로그램에 부합되는 "글로벌비즈니스커뮤니케이션(GBC)학과"라는 이름으로 새롭게 출발합니다.

GBC학과는 외국어구사 역량을 갖춘 글로벌비즈니스 전문가를 양성·배출하는 학과이며 호남권 유일의 '해외취업중점학과'입니다. 글로벌 무대 진출을 꿈꾸는 청년들의 해외취업진출을 돕기 위해 학생들의 글로벌 역량 즉, 외국어구사 능력과 해외취업에 필수적인 직무지식 및 실무능력 함양이라는 목표에 맞춰 학과의 커리큘럼과 프로그램을 운영하고 있습니다.

"GBC학과"란 '외국어로 의사소통이 가능한 글로벌비즈니스 전문가 양성학과'를 말합니다. 외국어로는 글로벌 시대에 필수인 영어와 한층 더 경쟁력 있는 인재가 될 수 있도록 제2외국어로 공식외교언어이면서 세계 57개국에서 널리 쓰이고 있는 프랑스어를 지정하였습니다. 프랑스어는 미래시장으로 부상하는 아프리카 대륙 절반 이상의 국가들이 사용하는 언어이며, 프랑스는 21세기에도 여전히 세계 문화와 패션을 리드하는 문화강국입니다. 글로벌비즈니스 능력 배양을 위해서 실무중심의 교육과정과 비즈니스 심화전공으로 "글로벌비즈니스연계전공(경상대학과의 연계전공)"트랙을 운영하여 명실상부한 글로벌비즈니스 전문가로서의 역량을 갖추도록 하고 있습니다.

ㅇ특징

- 사관학교 반을 운영하여 교수님들의 관리하에 외국어 역량을 최대한 배양
- 멘토멘티 프로그램을 운영하여 선배들이 신입생들에게 도움을 줌. 학과 대표 스터디를 중심으로 운영
- 경상대학과 연계하여 글로벌비즈니스연계전공트랙을 운영하여 무역, 유통, 마케팅 등의 심화된 경영 전공 수업
- 이외 국제워크캠프, KOTRA 해외무역관 현장실습, 해외 교환학생, 싱가포르 채용형 인턴십 운영

○교과과정

ENGLISH FOR GLOBAL COMMUNICATION, 교양프랑스어, 신입생세미나(나의 삶 나의 진로), 글로벌영불기초회화, 말하기와 실용글쓰기, 글로벌영어, 경영경제의 이해, 국제비지니스문화론, 글로벌영불커뮤니케이션 중급, 글로벌기업회계, 글로벌 현장실무커뮤니케이션, 글로벌미디어커뮤니케이션, 글로벌비지니스 영어, 유럽아프리카축제마케팅 등

○진출분야

GBC학과는 세계를 무대로 활동할 글로벌 인재를 양성하는 '해외취업중점학과'입니다. GBC학과는 재학중 마지막 학기에 해외(싱가포르 등)에서 인턴(채용형)을 하고 이어서 취업으로 바로 연결될 수 있도록 제반 학과 커리큘럼과 프로그램을 운영합니다.

따라서 GBC학과 학생들은 졸업과 동시에 싱가포르 내 글로벌 기업들에 진출하게 됩니다. GBC학과 학생들은 재학 중 영어/프랑스어와 국제통상 실무능력까지 갖춘 글로벌 인재로 성장하여 전 세계 글로벌 비즈니스 현장이 GBC학과 졸업생들의 활동무대가 될 것입니다.

○졸업 후 진로

해외 다국적기업, 특히 학과 프로그램에 따른 싱가포르 인턴십을 통한 싱가포르 내 글로벌기업, 해외 진출 국내 기업, 특히 세계 각 지역으로 진출을 확대하고 있는 글로벌 무대의 국내 기업, KOTRA, KOICA 등 해외업무 관련 정부 유관기관, 국제기구, 국제 NGO 단체 등 국내외 주요 항공사 및 호텔, 여행사 등 관광 및 MICE 산업분야 기업, 국정원, 외교통상부 등 해외업무 관련 정부 부처, 해외협력업무 추진 전문기업(제조업체, 제약회사, 언론사, 금융기관 등), 통번역 전문가, 대학교수, 연구원

○실제 취업사례(싱가포르 취업현황)

2022. 7월 현황: THE UNITED LANGUAGE CENTER Pte Ltd 취업

2019. 9월 현황: THE UNITED LANGUAGE CENTER Pte Ltd, AMOS INDUSTRIES PTE

LTD, JJ Engineering P Developement PTE LTD, Oregano trading(Admin cumsales), Youprint Productions Pte Ltd, Kim Seng Haut Hardware Pte Ltd(Admin & Sales Coordinator)

싱가포르 취업 후기를 소개합니다(https://communication.chosun.ac.kr/communication/2223/subview.do).

GBC 교수님들을 초빙하여 특강을 진행한 적이 있습니다. 코트라 출신의 실무 경력이 있는 교수님과 해외 취업에 열정을 가진 교수님들이 포진되어 있습니다. 영어와 프랑스어 몰입교육을 통해 커뮤니케이션 능력을 끌어올리고 현장 실무에 필요한 자격증을 취득하게 독려하여 맞춤형 해외취업에 애쓰고 있습니다.

(2) 전주대학교 일본언어문화학과

1976년 사범대학 일어교육과로 출발하여 1996년 인문대학 일본언어문화전공으로 소속과 명칭이 변경된 후 현재에 이르고 있습니다. 국제화 추세에 부응하고자 2000년 이후 일본 유수의 대학 및 기업체들과 협정을 체결하여 매년 40명이 넘는 유학생(교환유학·복수학위·방학연수) 및 해외인턴십생을 파견하고 있습니다. 유학 및 인턴십을 경험한 학생들은 일본 현지 또는 국내 강소 및 기업에 취업하여 후배들의 귀감이 되고 있습니다.

일본언어문화학과 재학생은 인바운드/아웃바운드 특성화사업을 통해 우리 사회가 요구하는 일본전문가로 성장하게 됩니다. 인바운드 특성화사업은 '지역발전을 위한 지역의 문제해결사' 양성을 목표로 합니다. 지역문제 해결을 위한 리빙랩 프로그램, 대학 교육 결과를 지역사회에 환원하는 서비스러닝 등의 프로그램을 통해 전주 지역 관광지도 개발, 관광지 일본어 표현 수정 등을 수행하고 있습니다. 아웃바운드 특성화는 학제간 융복합을 통한

'J-EAT통섭형' 인재 양성을 목표로 합니다.

구체적으로는 (i)Japanese+Engineering(일본IT융합), (ii)Japanese+Air(일본항공융합), (iii)Japanese+Tourism(일본호텔·관광융합)을 들 수 있습니다. 이와 같은 인바운드 및 아웃바운드 특성화 프로그램을 통해 국내는 삼성엔지니어링/각종 공기업 등, 해외는 일본Softbank/ANA항공/Sheraton호텔 등의 취업 성공 사례가 이어지고 있습니다(홈페이지 학과소개).

ㅇ특장점

교직: 교직과정이 설치되어 있어 중등 정교사 2급 자격증 취득 가능

복수학위제 파견(2년, 5명): 삿포로대학, 야마나시에이와대학

교환학생 파견(1년, 12명): 국립에히메대학, 구루메대학, 삿포로대학, 야마나시에이와대학, 카 나가와대학

ㅇ학과와 어울리는 적성

- 해외진출(해외취업, 해외현장실습, 교환학생 등)을 목표로 하는 진취적이고 국제적인 마인드
- 이문화(異文化)를 수용할 수 있는 넓은 이해심
- 일본 지역(일본어, 일본문화 등) 전문가를 목표로 하는 학생

이 학과는 일본 IT 계열 취업을 위해 실무 일본어 능력 배양과 더불어 IT관련 자격증을 딸 수 있게 교육과정에 포함했습니다. 최근까지 일본 IT회사(일본 소프트뱅크)로 취업한 사례가 있습니다. 이 학과의 교수님 초청 특강을 연 적이 있습니다. 교수님 말씀이 고등학교 등급이 5~6등급이었다고 해서 외국어 습득하는 데 지장이 있는 것은 아니고 관련도 없다, 지금 우리나라 고등학교 영어교육은 지나치게 학구적이며 커뮤니케이션 능력 향상에는 도움되지 못한다, 고등학교 때 영어 못했다고 기죽지 말고 대학교에서 집중적으로 공부하면 누구나 외국어를 잘할 수 있다고 말씀해주셨습니다.

ㅇ취업현황

전북문화컨텐츠산업진흥원, 전북도청, 한국여행협회, 코레일, 라마도호텔 전주, 항공사, 일본 소프트뱅크, 일본 쉐라톤호텔 등(https://www.jj.ac.kr/japan/career/employment.jsp)

(3) 호남대학교 중국어학과

중국어학과는 상하이대학과 2+2 복수학위제를 시행하여 4차산업혁명 시대에 요구되는 글로벌 융합인재상을 목표로 창의적 열린 사고의 차별화된 중국어 전문인재를 양성하는 학과입니다.

호남대학교에서 기초과정을 이수한 후 전 세계 500대 기업의 중국본부가 설치되어 있는 글로벌 경제도시 상하이와 상하이대학에서 지역과 언어를 뛰어넘는 창의적 전문인재를 육성합니다(학과 홈페이지 참조).

ㅇ특장점

중국상하이대학 3, 4학년 심화과정을 이수할 수 있어 실무고급중국어를 학습하고 상하이홍콩 인턴십도 체험할 수 있습니다. 중국 상하이대학으로 3, 4학년을 다닐 경우 복수 학위(호남대 학위 + 상하이대학 학위)가 수여됩니다(등록금은 기존의 호남대 등록금만 냅니다. 중국 상하이대학으로 가기를 원하지 않을 경우 호남대의 다른 학과 복수전공이 가능합니다).

중국 상하이대학과 2+2 복수학위제 시행 이유는?

- 4차산업혁명시대(미래 일자리)에는 지역과 언어를 뛰어 넘는 새로운 융합 인재상 요구.
- 전 세계 500대 기업 중국본부 설치, 전통과 첨단을 아우르는 글로벌경제도시 상하이는 창의적 열린 사고와 현지화된 중국어 실무능력을 갖춘 인재양성에 최적의 도시.
- 중국 역사·문화·예술에 대한 체험을 통한 인문학적 통찰력과 실용중국어 및 경영·무역·서비스 직무역량 배양, 차별화된 중국어 전문 인재 양성.

호남대 중국어학과 입학 특전은?

- 4년간 호남대학교에만 등록금 납부, 중국 상하이대학 학비 면제
- 중국현지 기숙사비, 생활비만 본인 부담(월 기숙사비 약 38만 원, 생활비 약 30여 만 원 예상), 호남대 중국어학과 전임교수 9명(원어민 4명) 1:1책임지도, 1~2학년 과정에 중국인 유학생과 함께 수업, 대기업 및 중견기업 취업 가능 스펙 만들기 프로그램, 방학 중 공자아카데미 어학연수 프로그램, 상하이 및 홍콩 인턴십 프로그램으로 취업 역량 확보

○취업현황

국내외 호텔분야(인천하얏트호텔, 제주 호텔 더 본, 싱가포르 르메르디앙 호텔, 싱가포르 마리나 베이 샌즈 호텔, 싱가포르 파크호텔 클락 키, 싱가포르 더 웨스턴, 마카오 그랜드 임페리올 호텔, 각종 공기관 및 관공서, 국내외 항공(대한항공, 중국동방항공, 마카오항공, 카타르항공 등), 홍콩취업연계 인턴십(중국심천국제물류회사, 홍콩남경글로벌, 홍콩한인상공회 등)(https://chinese.honam.ac.kr/EmploymentStatus).

외국어 관련 학과 및 해외취업에 대해 더 알고 싶다면?

나라의 TMI: 베트남어가 대세? 이젠 서연고 '베'성한!! [취준인더트랩 ep.17] : 취업왕

https://www.youtube.com/watch?v=PlwhSyK5aM4

코딩알려주는 누나: 실제 겪어보고 깨달은 가장 현실적인 해외취업 방법. | 회사를 고를 때 중요한 것 | 해외에서 직장을 구하는 방법. | 베트남 취업)
-베트남 취업뿐만 아니라 전반적인 해외취업에 대한 현실적인 정보가 나옴.

https://www.youtube.com/watch?v=pNqG6k8Yl9A

뻔한공간: 러시아어로 할 수 있는 직업의 종류 (feat. 의료코디네이터, 무역, 강의) 1부

https://www.youtube.com/watch?v=gMdHyUGs50c

선문대학교 오 써니데이: 러시아어학과 취업? 선문대 외국어자율전공학부 러시아어전공 학생들에게 물어봤다!

https://www.youtube.com/watch?v=zSYKH022Xy4

마르카즈아라빅: 아랍어와 직업 진로, 취업은 어디로 주로 하며 한류는 새로운 기회가 될까? [아랍 TALK 12화]

https://www.youtube.com/watch?v=KOOdlaL7e9s

한국어외국어대학교 HUFS: 외대생에게 물어봤다! : 아랍어과 편

https://www.youtube.com/watch?v=_lsZEH0yxGM

누구에게나 [학과소개 학과?] 독어독문학과 공부꿀팁 진로 취업 고민 다 뿌셔줄게! 새내기들 드루와!

https://www.youtube.com/watch?v=V-sXQoRkf0I

[학과소개학과?]일본 가면 취업깡패 되나요? 오타쿠 많나요? 교환학생은 어때요? 일문과에 대한 질문 여기 다 모았다

https://www.youtube.com/watch?v=zFbSUIFDoFY

소소생TV-중문과졸업생 이야기: [중문과취업] 중문과로 서류 합격한 직무 - 이 직무들을 노려보세요 중어중문학과 취업

https://www.youtube.com/watch?v=fPbvZX1-RBM

대입멘토 한수진: 대입 질답 | 영어영문학과 나오면 취업하기 실질적으로 어렵나요? 부모님이 계속 반대하셔서요

https://www.youtube.com/watch?v=456TYtHAEGc

Lulu룰루: 프랑스 화장품 대기업 취직했어요 | 한국토종 석사 후 현지 취업 | 유학 및 해외취업팁

https://www.youtube.com/watch?v=wL_aMRAIlPA

19. 장례지도학과

진로쌤의 이야기

이색학과입니다. 전국에 몇 개 있지 않습니다(4년제는 한군데 있습니다). 졸업 후 상조회사 취직을 염두에 두는 경우가 많다고 합니다. 장례 관련 업무는 인간의 생로병사에서 중요한 행사를 담당하는 신성한 일임에는 분명합니다. 개인적으로는 아버님이 돌아가셨을 때 장례 업무를 주관해준 장례지도사분께 감동한 적이 있습니다. 슬픔에 빠진 유가족을 대신한 행정업무를 주관하고 해야 할 일을 말씀해주시고 곁에서 힘을 주고 위로를 해주시더군요. 그 뒤로 장례지도사가 얼마나 귀중하고 전문적인 직업인지 깨닫게 되었습니다.

학과소개 및 입시 결과

'대학어디가'에 나온 대학들을 모두 소개하였습니다.

(1) 4년제 대학교

을지대학교 제2캠퍼스 장례지도학과: (2022 수시 학생부교과(성적우수) 전형 70% 컷 5.0(경쟁률 8:1), 학생부종합(자기주천) 5.8(경쟁률 3.6:1))

(2) 전문대학교

창원문성대학교 사회복지장례과(야간), 서라벌대학교 장례서비스경영과, 대전보건대학교 장례지도과, 부산과학기술대학교 장례행정복지과(주간/야간)

관련 자료

워크넷-직업진로-직업정보-한국직업전망에서는 장례지도사는 향후 10년간 현상태 유지로 보고 있고 수요 증가로 보고 있습니다.

> 향후 10년간 장례지도사 및 장례상담원의 취업자 수는 현 상태를 유지할 것으로 전망된다. 통계청의 연도별 사망자 수 현황을 살펴보면, 급속한 고령화의 영향으로 인해 매년 사망자 수가 꾸준히 증가하는 것으로 나타난다. 따라서 장례지도사의 역할과 수요는 지속적으로 발생할 것으로 전망된다. 과거 '장례' 하면 떠올리던 음습한 분위기가 아닌 인생을 아름답게 마무리할 수 있도록 돕는 전문직업이라는 인식의 변화가 생기면서 장례지도사의 위상도 높아지고 있다. 장례학과 졸업생의 취업률이 높고, 대형병원이나 상조회사뿐만 아니라 장례 관련 공무원 등에 대한 대우도 괜찮고 안정된 직장으로 진출이 가능해 관심 있는 지원자들이 늘어나고 있다. 과거 매장문화에서 화장문화로 장례문화가 변화하고, 자연장 문화도 발전함에 따라 차별화되고 전문화된 장례서비스에 대한 욕구가 늘어나 향후 장례지도사에 대한 수요도 증가할 것으로 기대된다.
>
> 한편, 통계청「전국사업체조사」에 의하면 매년 장례식장 관련 사업체 수는 2015년까지 꾸준히 성장 추세에 있었으나 2016년 대폭 줄어들었다. 종사자 수는 조금씩 증감을 반복하는 것으로 나타났다. 2018년 사업체 수는 2,991개소, 종사자 수는 2만 1,772명을 기록하고 있다.

'나무위키'에 들어가서 장례지도과에 대한 설명을 보면 장례지도과에 대해 요즘 전망이 좋지는 않다고 나옵니다. 판단은 여러분의 몫입니다만 장례지도학과 졸업 후 진로가 장례 업무에만 국한되지는 않기 때문에 장·단점을 잘 살펴볼 필요가 있습니다. 어떤 직업이든 장점도 있고 단점도 있습니다.

"이 학과들이 탄생할 때만 해도 대한민국이 고령화사회가 되어가는 시기였기에 사망자가 늘면서 호황기를 누릴 것이라는 기대감이 있었지만, 지금은 의료수준이 더욱 발전하면서 사망자가 크게 증가하지 않고 있어서 좀 자조적이다. 실

제로 과열된 경쟁 때문에 상조회사가 계속해서 줄고 있다."(나무위키 장례지도과 설명 중에서)

취업상황

을지대학교 장례지도학과 홈페이지에서 가져온 취업현황을 살펴봅시다(https://major.eulji.ac.kr/mortuary/index.html?menuno=2897).

○졸업 후 진로분야

장례지도학과 졸업 후 진출분야는 학과 특성상 인문학과 보건의료분야, 사회복지분야가 융합되어 있기 때문에 학업의 진행과정에서 관심분야를 설정하고 진로를 결정할 수 있습니다. 먼저 문화와 의례에 대한 지식을 바탕으로 대학병원 장례식장과 상조기업 등 관련산업에서 장례지도사로서 고인과 유가족의 장례를 돕는 역할을 할 수 있으며, 장례산업의 관련 시설분야인 종합장사시설, 화장시설과 묘원 시설 지방자치단체시설 관리공단 등의 분야로 진출할 수 있습니다.

아울러 장례의 현장에서 직접적으로 업무를 진행하는 것 외에 관련분야의 기획, 홍보, 관리 등의 업무를 진행할 수도 있습니다. 보건의료 분야의 학습을 통해 보건직공무원, 시신위생처리사, 시신처리(해부학 교실 등) 관련 교직원 및 국공립 연구원 등의 진출이 가능합니다.

○학과의 취업률

장례지도학과의 전공분야가 특수 전문분야이며, 국내 관련 대학 중 유일하게 4년제 학부과정으로 운영되기 때문에 매년 전국 대학평균을 뛰어넘는 높은 수준의 취업률을 보이고 있다. 이는 을지대학교 내에서도 최고 수준의 취업률이라고 할 수 있다.

2012년도 졸업 학생들의 취업률은 90%로 채용시험이나 대학원 진학을 준비하는 학생들을 제외하고는 거의 모든 학생이 취업하여 산업현장에서 근무하고 있다. 이어 2013년도, 2014년도에는 각각 85%와 80%로 비교적 높은 취업률을 유지하였고, 최근 취업시장의 한파에도 불구하고 2015년도 졸업 학생들은 92%의 취업률을 달성함으로써 공무원 채용시험을 준비하는 학생을 제외한 전원이 취업하는 성과를 거두고 있다.

○관련 자격증

학과에서는 학생들의 다양한 진로분야와 취업 선택의 폭을 넓히기 위하여 1인 2개의 국가자격 또는 면허증 취득을 원칙으로 학생들의 학업 및 진로지도를 실시하고 있다. 학과의 필수 자격인 장례지도사(국가자격) 자격증은 필수 취득요건이며, 전공학습계획에 따라 사회복지사 또는 위생사 면허 중 1개를 취득하게 함으로써 2종의 국가자격과 면허를 취득하도록 하고 있다. 이와는 별도로 학과 전문 특성화분야인 시신위생처리사(Embalmer) 인증을 취득하게 함으로써 졸업 후 전문 역량을 갖춘 관련분야 전문가로서 성장할 수 있는 토대를 마련하고 있다.

장례지도사는 2012년 과정이수형 무시험검정방식의 국가자격제도로 전환되어 모든 장례분야에 반드시 필요로 필수 기본 자격이라고 할 수 있다. 장례지도사 자격의 취득은 학과의 기초 및 전공과목을 이수하고 학기 중 진행되는 실습시간의 이수를 통해 취득이 가능하며, 현재까지 100%의 합격률을 유지하고 있다.

위생사의 위생업무는 공중이 이용하는 공중위생접객업소와 공중이용시설 및 위생용품의 위생관리 등으로 장례 관련 시설을 운영하거나 위생용품 관리를 위해 필요한 면허이다. 위생사 면허 취득 시 단순한 장례지도사가 아닌 장례 관련 시설들을 운영하고 관리할 수 있는 능력이 있다고 간주하고 있다.

사회복지사 자격은 현재 학과의 부전공으로 진행 중이며 사회복지학사와 같이 졸업 후 2급 사회복지 자격을 취득하여 1급 사회복지사 국가고시를 응시할 수 있는 자격이 주어지며, 사회복지시설의 진출이 가능하다. 장례분야 역시 크게는 사회복지의 개념이기 때문에 사회복지사 자격과의 연계역량 강화를 통해 진로의 다양성에 크게 기여할 것으로 보인다.

마지막으로 시신위생처리 인증은 국내 관련대학 중 본 학과에서만 운영이 가능한 특성화 분야이다. 미국 남북전쟁 때 전사자의 시신을 멀리 떨어진 유족들에게 온전하게 전하기 위하여 유래되었다고 하는데, 19세기부터 미국에서 널리 행해지고 있는 장법으로 현행 국제법상 시신의 국내외 입출국은 위생 처리를 해야만 가능하도록 하고 있다. 시신위생처리는 장례산업분야의 글로벌리더로 성장하기 위해서는 필요한 학문의 범위라고 할 수 있다.

학과가 몇 개 없고 전문인력이다 보니 을지대학교의 경우 취업률은 90% 이상이라고 합니다. 그리고 반드시 장례지도사만 되는 것은 아니고 사회복지사 자격증도 취득할 수 있다고 합니다. 또 장례 전반 행정적인 것을 다 관장하는 일이기 때문에 소명감과 전문성, 책임감은 필수입니다. 반려동물장례지도사라는 직업도 생겼는데, 이 분야까지 생각한다면 취업시장이 나쁜 것은 아니라는 생각이 듭니다. 오히려 항상 이야기하지만, 전국에 소수로 있는 학과 이런 학과들이 소위 말하는 블루오션일 수 있습니다.

교육과정

을지대학교 교육과정을 참고하였습니다.

의학용어, 일반생물학, 장례학개론, 장례역사, 장례학개론, 생사학, 공중보건학, 장사법규, 한국민속학, 의학용어, 상장례학, 장사행정학, 사회복지개론, 현대장례와 종교의례, 염습실습, 장례경영학, 보건통계학, 장례기획론, 장례상담이론및실습, 장법론, 장례식장 현장실습, 장례심리학, 장례서비스 현장실습, 실험동물학및실습, 해부생리학이론및실습, 장례사회학, 시신위생처리학, 장사시설관리론, 제의례학, 서예, 사회복지실 천론, 장례서비스 산업론, 장사제도론, 병리학, 장사시설운영및실습, 시신위생처리학 실습, 회복기술학이론및실습, 장례정보기술학, 전염병 관리학, 행정론, 집단사망자관리, 분장학이론및실습, 호스피스, 행정법론, 대화방법론, 캡스톤디자인, 노인복지론, 법의학이론및실습, 접견장례의식, 웰엔딩산업론

고등학교 때 선택과목에 대한 조언

고전과 윤리, 사회문화, 환경, 인간발달, 경제, 정치와 법, 가정과학(메이저맵-선택교과를 참고)

4년제 대학으로서는 을지대학 한 군데만 존재하기 때문에 정보가 많이 없습니다. 메이저맵이란 사이트에 접속하셔서 장례지도학과를 검색하면 선택과목을 위와 같이 제시해줍니다. 조언을 첨부하자면 윤리관련 과목(생활과 윤리, 윤리와 사상), 사회문화, 정치와 법을 수강하시면 좋을 것 같습니다. 또 대학 교육과정을 보면 화학이나 생명과학을 배워두는 것도 도움이 되겠습니다. 만약 문과 성향이라서 화학이나 생명과학을 수강하는 것이 어렵다면 1학년 때 통합과학 부분에서 생명과학과 화학 부분을 열심히 공부해두시고, 생활과 과학 과목이나 보건과목을 수강하는 것도 추천합니다.

장례지도학과, 장례지도사에 대해 더 알고 싶다면?

엠뚜루마뚜루 : MBC 공식 종합 채널: [아무튼 출근] 죽음과 가장 가까운 곳에서 일하는 27세 장례지도사의 하루 | #장례지도사 #무연고자 #엠뚜루마뚜루 MBC210831방송

https://www.youtube.com/watch?v=7wtExMbZ9ME

tvN D ENT: [#티전드] 매일 죽음을 맞이하는 장례 지도사의 삶 유재석도 눈물 고이게 만들었던 심은이 자기님의 이야기 | #유퀴즈온더블럭 #Diggle.

https://www.youtube.com/watch?v=ZRq5Yx89_lM

JTBC News: 존엄한 죽음 안내하는 'MZ 장례지도사'…"학생 70%는 2030" / JTBC 뉴스룸

https://www.youtube.com/watch?v=nDbKbxOTu1I

도깨비삼촌: 장례지도사 연봉 및 초봉등 궁금증 해결

https://www.youtube.com/watch?v=RWgS4rY0V_o

장스토리TV: 장례지도사 되고 싶은 사람만 보세요.

https://www.youtube.com/watch?v=ga27jw-ygi0

울산매일 UTV: 장례지도사를 꿈꾸는 장례학과 21학번 새내기들의 하루 / 부산과학기술대학교 장례행정복지학과

https://www.youtube.com/watch?v=xlwy9VEvoyU

세모이 : 세상의 모든 이야기: [ask:_] 반려동물 장례지도사

https://www.youtube.com/watch?v=fjyp4RKsMrk

20. 해양 관련 학과(해양대학교)

진로쌤의 이야기

해양대학교는 우리나라에 부산의 한국해양대학교와 목포의 목포해양대학교 두 곳이 있으며 모두 국립대학교입니다. 해양계열과 특성화시킨 학과들이 포진되어 있습니다. 해군이나 해양경찰, 항해사나 기관사 이외 해양 계열 다른 진로도 꿈꿀 수 있으므로 폭넓게 살펴보도록 하겠습니다. 개인적으로는 남동생이 목포해양대학교 항해학과 출신으로 일항사로 잠시 일한 뒤 지금은 해양경찰 VTS(선박교통관제사)로 근무하고 있습니다. 그래서 해양대학교의 생활과 졸업 후 진로에 대해서 보고 들은 것이 많기도 합니다.

입학처에서 홍보를 나오거나 교수님들이 특강을 오시면 해양대학을 강소대학으로 표현하십니다. 작지만 강한 대학이란 뜻이고 취업에 있어 내세울 만하다는 것입니다. 주의해야 할 점은 해양대학의 해사대학은 기숙사 생활을 하며 정복을 입고 일정한 규율 아래서 생활해야 하기 때문에 이런 생활에 잘 적응할 수 있는 학생들이 진학해야 할 것입니다(해사대학이 아닌 일반학과는 해양대학이라고 해도 일반대학의 학생들처럼 지낼 수 있습니다).

(1) 한국해양대학교

- 모집단위(2024년 기본계획 기준)

대학	계열	모집단위	
해사대학	자연계	항해융합학부	
		기관시스템공학부	
		해양경찰학부	항해전공
			기관전공
		해사인공지능보안학부	
해양인문 사회과핵대학	인문사회계	해운경영학부	
		국제무역경제학부	
		해사법학부	
		국제관계학과	
		해양행정학과	
		해양영어영문학과	
		동아시학과	
해양과학 기술융합대학	자연계	조선해양시스템공학부	
		해양공학과	
		에너지자원공학과	
		해양공간건축학부	
		해양과학융합학부	해양환경학전공
			해양생물공학전공 수산바이오공학전공
			기계시스템공학전공
			냉동공조공학전공
		해양신소재융합공학과	
		전자전기정보공학부	전기전자공학전공
			전자정보통신공학전공
			나노반도체공학전공
			전파융합공학전공
			데이터사이언스전공
		인공지능공학부	지능제어시스템공학전공
			컴퓨터공학전공
		물류시스템공학과	
		환경공학과	
		토목공학과	
	예체능계	해양스포츠과학과	

- 학과소개 및 입학성적

몇 개 학과만 소개하겠습니다. 다른 학과에 대해 알아보고 싶으면 해당 학과 홈페이지를 참고하세요.

항해융합학부

- 특성: 오랜 승선경력과 함께 해사 분야 공학, 법학, 경영학, 인문학 등 다양한 분야를 교수할 수 있는 교수진을 갖추고 있으며, 이론 교육에 기초한 실무 교육을 융합적으로 제공할 수 있는 세계 최고의 해기인력 양성 학부. 해사경영관리전공, 해사법무보험전공, 해사안전전공, 선박운항전공, 해사글로벌전공으로 분류.
- 2022 수시성적평균(교과성적 우수자): 남 3.00, 여 2.59
- 진로: 해기 해운분야/ 조선 기자재 산업분야/ 국가공무원/ 국제기구 및 공공기관/ 국방분야/ 교육연구분야/ 기타(각종 해사분야업 및 단체)

해양공학과

- 특성: 해양 및 연안 개발과 관련된 다양한 공학적 분야에 대한 교육 및 연구 수행. 해양 구조물 및 지반 공학, 해양 유체 및 수중 음향 등의 해양과 관련된 폭 넓은 공학적 해석 및 설계 지식을 배양하며, 다양한 실험실습 과정을 통해서 현장 맞춤형 인재 양성. 해양산업은 우리나라를 비롯한 전 인류의 장래를 좌우할 중요한 국가적 산업으로, 해양공학과에서는 이러한 해양을 우리 인류와 보다 가깝게 두고자 효율적으로 이용하고 개발하는 방안 연구. 또한 다양한 정부 지원 사업을 지속적으로 수행하여 교육의 질을 향상시키고, 해양 전문인력 양성을 통해 취업률을 높여 나가고 있음.
- 2022 수시성적평균(교과성적 우수자): 4.23
- 진로: 공무원 및 공사기업: 해양수산부, 한국전력, 수자원공사 및 지자체 관련 기술직 공무원/ 중공업관련업체: 현대중공업, 대우조선해양, 삼성중공업, STX조선, 한진중공업 등/ 건설관련기업: 현대건설, 삼성건설, SK건설, GS건설 등/ 관련 연구소: 해양연구원, 건설기술연구원 등/ 기타(컨설팅분야): 해양구조물설계 및 제작, 항만장비개발, 해양플랜트개발 관련 업체, 건설관련 Engineering 업체 및 해양개발사업분야/ (2021년 취업률은 42.9%로 공시됨)

해양신소재융합공학

- 특성:첨단 소재기술을 활용한 조선해양산업과 최근 각광받는 4차 산업혁명 흐름

에 부합하는 반도체, 디스플레이 등의 전자 정보기술과 나노 및 에너지 소재에 대한 영역으로 점차 첨단화 기술 응용 범위를 넓혀가고 있으며, 산업체가 필요로 하는 지식과 기술을 갖춘 우수한 인력을 양성하여 지역산업 발전에 기여하고 있음. 금속을 비롯한 각종 소재의 공통적인 기본 특성을 연구/교육하는 동시에 융합 산업기술(IT, NT, BT, ET, ST 등의 융합)을 이끌어 나갈 신소재의 개발 및 소재융합 기술을 연구/교육하고 있으며, 시대가 요구하는 미래형 첨단 소재 관련 분야의 융합전문인력 양성.

- 2022 수시성적평균(교과성적 우수자): 4.5
- 진로: 국내외 조선기자재 관련 기업체/ 소재 관련 기업체/ 기계가공·재료설계 및 품질관리 관련 기업체/ 학계 및 연구기관(국내외 대학원, 정부출연연구소)/ 조선해양 관련 대기업/ 각종 조선·해양 기자재 관련 중소기업체/ 제철·제강 및 금속 관련 기업체/ 조선해양 관련 방위산업체

물류시스템공학과

- 특성: 우리나라 최초의 물류전공학과(1988년 학과신설)로서 물류개론, 물류관리론을 통해 물류의 기본을 배우고, 하역론, 계량분석, 화물운송론, 유통론, 보관시스템, 시스템공학, 물류실무, 현장실습 등을 통해 물류전반의 흐름과 실무를 익힘으로써 지역 및 글로벌 물류산업을 선도할 수 있는 전문인력 양성을 목표로 하고 있으며, 물류산업의 영역의 확대로 AI, IoT, Big Data, 정보보안 등 새로운 물류 수요가 등장과 함께, 물류산업의 고도화, 첨단화, 디지털화, 전산화 등 변화에 능동적으로 대처하는 미래지향형 물류전문인력 양성. 또한, CJ대한통운 및 포스코플로우 등과의 산학협정 체결을 통하여 학과 우수 재학생들을 대상으로 물류 현장에서 즉시 활용될 수 있는 인력양성 프로그램도 운영.
- 2022 수시성적평균(교과성적 우수자): 4.09
- 진로: 물류정보분야

해운경영학부

- 특성: 우리나라 해운·항만 물류의 선구적 개척 학부. 동북아 최초 유일의 해운·항만 전문 경영인 육성 특성화 학부. 해운 및 항만 물류 분야의 글로벌 경쟁력 제고를 위한 선도적 역할 수행. 해운기업, 복합운송업체, 해운대리점업체, 선박용선 및 중개업체, 무역업체 등에 졸업생 진출. 전문경영인 및 관리자 양성. 해운 및 항만물류 분야의 전문 인력 배출. 손해사정인, 관세사, 물류관리사, Chartering &

Shipping Broker. 일반 제조 및 서비스 업체(금융, 보험 등)의 경영기획, 생산, 마케팅, 인사, 재무, 회계, 4차산업을 주도할 e-business 전문가 및 해양금융 전문 인력 양성. 첨단 IT기술, 국제경영 능력 갖춘 인재 육성 및 공급. 빅데이터, IoT 교육 강화. 해양금융인 육성. 각종 공인 자격증 취득 지원공인회계사, 세무사, 감정평가사, 경영지도사, 정보시스템감사인(CISA) 등 세계 및 국가 공인 자격증 재학 중 혹은 졸업 후 취득

- 2022 수시성적평균(교과성적 우수자): 3.14
- 진로: 해운경영학부 졸업생들은 일반기업체, 금융회사뿐만 아니라 국내외 해운선사, 해운대리점, 선박용선회사, 선박관리회사, 복합운송회사, 국제물류회사, 선박금융회사, 항만운영회사, 조선소 등의 해운항만물류기업에 진출하여 전문경영인으로서 큰 역할을 하고 있으며, 한국해양수산개발원, 부산항만공사, 한국무역협회, 해양수산부 등 해운항만산업관련 연구소, 협회, 정부기관에 진출하고 있음.

해양행정학과

- 특성: 해양행정과 해양관련분야의 정책을 연구개발하고 그 실무를 담당할 전문인력 양성. 행정학 및 정책학 일반에 관한 이론은 해양행정관련 전문지식습득의 토대가 되기 때문에 일반 행정학과에서 다루는 교육내용 가운데 일반적인 내용은 교육과정에 포함. 이와 함께 행정학, 정책학의 기초 위에 해양행정관련 특수분야의 교육을 통한 전문화 지향.
- 2022 수시성적평균(교과성적 우수자): 3.89
- 진로: 지난 3년간 약 70%의 취업률을 달성. 인문계열학과 졸업생들의 전통적인 취업분야에서 영어 전문인과 직업인(공무원포함) 및 교육자들을 배출할 뿐만 아니라, 해양특성화와 관련 있는 조선, 선박, 해운, 무역, 물류와 해양서비스 분야에서 전문 직업인을 꾸준히 배출.

해양영어영문학과

- 특성: 해양글로벌인재를 양성하기 위한 교육과정에 초점을 맞추고 있으며, '일반전공 영어학과 영문학' 외에 '해양산업분야'와 관련된 전공교과목을 개설하여 교육. 최근에는 4차산업혁명시대의 도래에 따른 사회변화를 반영하기 위해 실제 활용 가능한 전공지식의 교육뿐 아니라 변화를 이끌어 내는 적극적인 해양특성화 전공교육
- 2022 수시성적평균(교과성적 우수자): 4.12

• 진로: 지난 3년간 약 70%의 취업률을 달성. 인문계열학과 졸업생들의 전통적인 취업분야에서 영어 전문인과 직업인(공무원포함) 및 교육자들을 배출할 뿐만 아니라, 해양특성화와 관련 있는 조선, 선박, 해운, 무역, 물류와 해양서비스 분야에서 전문 직업인을 꾸준히 배출.

(1) 목포해양대학교

- 모집단위(2024년 기본계획 기준)

모집단위			전형유형(학생부교과)										합계
			학생부 성적 우수자	누구나	지역인재	선원자녀 및 선원경력자	사회적 배려 대상자	농어촌 학생	특성화 고교 출신자	기초 생활 수급권자 및 차상위 계층자	특성화고 졸업 재직자 (정원내)	특성화고등 졸업 재직자 (정원외)	
해사대학	항해학부		52	4	9	6	3	3	3	3	-	-	83
해사대학	해상운송학부		42	10	10	6	5	5	2	3	-	-	83
해사대학	항해정보시스템학부		27	8	8	4	3	3	3	3	-	-	59
해사대학	기관시스템공학부		40	10	10	5	5	5	3	3	-	-	81
해사대학	해양경찰학부		42	10	10	5	5	5	3	3	-	-	83
해사대학	해양메카트로닉스학부		25	8	8	4	3	3	3	3	-	-	57
해사대학	해군사관학부	남	17	3	3	-	-	-	-	-	-	-	23
해사대학	해군사관학부	여	3	1	-	-	-	-	-	-	-	-	4
해양공과대학	컴퓨터공학과		19	5	5		3	4	2	3	-	-	41
해양공과대학	조선해양공학과		20	5	5		3	4	2	3	-	-	42
해양공과대학	환경·생명공학과		17	5	5		3	4	2	3	-	-	39
해양공과대학	해양건설공학과		20	5	5		3	4	2	3	-	-	42
해양산업융합학과			-	-	-		-	-	-	-	1	19	20
합 계			324	74	78	30	36	40	25	30	1	19	657

- 학과소개 및 입학성적

몇 개 학과만 소개하겠습니다. 다른 학과에 대해 알아보고 싶으면 해당 학과 홈페이지를 참고하세요.

항해학부

- 특성: 전 세계 해상운송산업을 선도할 고급 상선사관을 양성하는 학부로서, 졸업 후 상선사관으로 취업함과 동시에 3년간의 승선근무로 병역을 마치고, 의무 승선근무 이후에는 자신들의 선택에 따라 선장이나 도선사와 같은 해상운송 분야의 직업뿐만 아니라 해운회사의 관리자, 국토해양부 공무원, 해양경찰, 해군장교, 연구원 등의 직업을 선택할 수 있다.특히 재학 중 1년간의 국제 항해실습을 통해 외국을 순방하면서 글로벌 상선사관의 자질을 함양함과 동시에 국위 선양을 위한 민간 외교관으로서의 역할을 수행한다.
- 2022 수시성적평균(교과성적 우수자): 남 5.3, 여 5.56
- 진로: 선박승선분야-선장, 고급 항해사, 항만 도선사, 해군 도선사, 신조선 도선사, FPSO 및 대형 시추선 등의 운항사와 고위 관리자 등/ 해상운송분야-해운회사 CEO, 조선회사 시운전 및 조선기자재 관리자, 해운중개사, 선박관리 전문가, 선박금융 전문가, 선박 매매 전문가, 해사 감독관, 해상보험설계 전문가, 검량사, 검수사 등/ 정부 및 준정부기관-해양항만 및 안전관련 국가 공무원, 해상교통 및 항만관제사 공무원, 해양안전심판관, 해양경찰 공무원, 해군 장교, 해군 공무원, 관세청 공무원, 항만소방서 공무원, 선박검사관, 선박관련 연구관, IMO 정부대표단, 해사관련 국제회의 전문가 등/ 교육기관 및 연구소/ 해운관련법인체/ 해운관련 언론계

해상운송학부

- 특성: 국제 수출입화물 운송의 99%이상을 담당하는 상선사관(선장 및 항해사)을 육성하고 더 나아가서 미래 국가의 성장 동력원이 될 해양 및 해운산업의 글로벌 해운인재 육성. 선박, 해양 및 해운의 인재로서 자질을 함양하기 위하여 항해학을 기본전공으로 교육하고, 국내 및 해외의 첨단 항만의 순방을 통한 항해 및 해운항만 실무를 익히면서 해상운송학 심화학습. 심화교육과정으로 미래 해양 및 해운분야 전문가 및 국가 해운정책 관리자로서 자질 함양을 위하여 물류시스템학, 해운경영학, 해사안전학(스마트자율운항) 전공 운영.
- 2022 수시성적평균(교과성적 우수자): 남 6.04, 여 5.39
- 진로: 항해사/ 선장/ 도선사/ 해운관련산업계/ 정부 및 준정부기관

기관시스템공학부

- 특성:선박의 핵심 부분인 주기관, 보조기계, 전기 전자·자동화 시스템설계, 운용

및 관리하는 기관사와 엔지니어를 양성하고, 더불어 해양에너지와 해양플랜트의 개발 및 운영에 종사할 수 있는 전문 인력 육성. 이를 위해 첨단 기관 시스템 운용을 위한 기관사의 기본적인 교육을 비롯하여 전자 엔지니어, 기계·해양플랜트, 발전소 및 중공업 분야의 엔지니어로서 자질함양을 위해 심화된 전기 제어, 해양에너지 및 해양플랜트 교육과정 운영.

- 2022 수시성적평균(교과성적 우수자): 5.22
- 진로: 관장, 고급 기관사, 해양에너지, 해양플랜트 엔지니어 및 관리자/ 해운회사 CEO, 공무감독, 선박 시운전 엔지니어, 조선·해양기자재 엔지니어/ 해양수산부, 선급 검사관, 군무원, 해양경찰 및 관세청 공무원, 기타 공공 기관 검사관/ 대학교수, 해양 및 해양기자재 관련 연구원

해양메카트로닉스학부

- 특성: 선박 기관시스템의 효율적인 운전, 유지관리와 전자기관시스템의 운용 및 연구 개발 분야에 종사할 고급 해기인력 양성과 기계, 플랜트, 전기 및 자동화 관련 다양한 산업분야의 핵심 엔지니어 양성.
- 2022 수시성적평균(교과성적 우수자): 5.48
- 진로: 국내외 대형 상선, 특수선 등의 기관사 해수부, 관세청, 각국 선급, 해양안전심판원공사(한국전력, 한전 KPS, 한국수력원자력)/ 대기업(삼성전자, LG전자, 현대삼호중공업) 현대, 삼성, 대우조선해양 등 선박건조분야 해운회사 및 항만 관련 업체 대학원 진학 및 유학

해양공과대학-컴퓨터공학과

- 특성: 컴퓨터 하드웨어와 소프트웨어 및 해양 산업에 대한 지식을 바탕으로 해양 ICT 융합 분야의 전문가 양성과 지역 산업에 필요한 인재양성.
- 2022 수시성적평균(교과성적 우수자): 7.30
- 진로: 임베디드 시스템 개발업체/ 응용 소프트웨어 개발업체/ 해양 IT 관련 연구소/ 일반 기업 전산직/ 대학원/ 공무원

해양공과대학-해양건설공학과

- 특성: 해양개발을 위한 해양건설공학과 최근 국내외 산업현장에서 각광받고 있는 플랜트건설공학 전공 학과. 국토개발과 사회간접자본(SOC)의 건설, 조력과 해상풍력 등 해양에너지를 이용하는 시설, 해수를 담수화하는 설비 등 해양에 필요한 기반시설을 설계하고 건설하는 데 필요한 학문 습득. 또한 해양건설에 필요

한 다양한 지식 습득은 물론 플랜트 실무교육 지원과 최첨단 실습선을 이용한 해양특성화교육 등을 실시하여 전문 해양·플랜트건설 인재 양성.

- 2022 수시성적평균(교과성적 우수자): 7.32
- 진로: 국·공립 정부투자기관 및 연구소- 한국도로공사, 한국전력, 철도시설공단, 수자원공사, LH공사, 지역개발공사, 국가정보원 등/ 국가 및 지방공무원- 기술고시(5급), 지방직(7급, 9급)/ 각종건설회사- 1군(현대건설, 대우건설, 삼성건설, 대림산업, SK건설, 금호건설 등) 2군건설업체나 전문건설업체/ 중공업- 현대, 대우, 삼성, 두산, 한진 등/ 건설엔지니어링- 한국, 유신, 도화 등/ 플랜트엔지니어링- 한국전력기술, 두산ENG, 현대ENG, 삼성ENG 등

해양공과대학-환경·생명공학과

- 특성: 환경·생명공학의 근간을 이루는 기초과목 및 공학적 원리를 심도있게 이해하는 전문인력 양성: 환경 및 생명공학에 필요한 기초과목과 수질, 폐기물, 환경독성학, 해양생물, 유전공학 등의 분야에 대한 핵심과목을 수강함으로써 환경생명공학에 대한 전반적인 이론과 전문소양 그리고 창의적, 통합적 사고 능력을 갖추도록 한다. 해양환경과 생물에 대한 이해를 바탕으로 해양환경의 보존, 해양생물의 과학적 이용과 관리에 필요한 전문 지식을 습득하기 위하여 해양학, 생태학, 해양오염학, 해양조류학, 해양생물자원에너지학 등의 과목을 수강함으로써 해양특성화된 전문인력 양성.
- 2022 수시성적평균(교과성적 우수자): 7.06
- 진로: 공무원(환경부, 해양수산부, 지방환경청, 시·도의 환경직 등)/ 대기업 및 중소기업 환경직 및 환경, 생명관련 연구소(국립환경연구원, 한국과학기술연구원, 국립수산과학원, 수자원연구소, 한국생명공학연구원 등)/ 오염방지시설·관리업체 및 대행업체(방지시설설계, 운전, 관리 및 측정·분석 대행업체)/ 바이오신소재 및 에너지분야/ 양식 및 양식관리기술/ 건설회사(환경사업 관련 부서)/ 약학대학원 및 의과대학원/ 미생물공정기관 및 업체/ 의약품제조 및 의료기기제조분야

해양관련 직업이 더 알고싶다면?

항해사

디글 클래식: [#유퀴즈] 원양어선 항해사가 3년 동안 육지로 못 나온 이유는? 일등 항해사가 말하는 태평양 한가운데에서의 생활 https://www.youtube.com/watch?v=6hYpl_5kXHY

김독큐TV: 항해사라는 직업1탄 | 일등항해사 강현규 |항해사가 되는 방법,과정 | 항해사가 하는일 -고품격 직업탐구 토크쇼, 듣고 보는 Job, 듣.보.잡 8화/ https://www.youtube.com/watch?v=stLZrYRtrm4

한재혁 tube, 영어강사 이야기: 내가 항해사를 그만둔 이유 37가지 - 퇴사, 사표, 사직(항해사는 굉장히 주변에서 보기 힘든 직업 중 하나입니다. 정보가 많이 알려져 있지 않습니다. 바다 위에서 근무한다는 특성 때문에 적성에 잘 맞으면 좋지만 그렇지 않은 경우도 있습니다. 장단점을 충분히 파악할 필요가 있습니다. 항해관련 학과를 진학해도 반드시 항해사만 하는 것은 아니구요.) https://www.youtube.com/watch?v=PlQllnmFcS0o

선박기관사

배타는 깜상: [선박기관사] 배 타고 전 세계를 누비는, H사 3년차 선박기관사 김승환의 일상 #배타는깜상 #아무튼출근(해양대 기관관련학과를 졸업해서 육상에서 메카트로닉스 계열이나 기계관련 쪽으로 근무하시는 분도 많습니다.) https://www.youtube.com/watch?v=mGKEODjabQY

준엉이: 여성실습기관사의 승선생활 VLOG / 호주 입항,출항 기록 / 첫영상 https://www.youtube.com/watch?v=-d1QPm24cAo

캠벨의 삶: 선박기관사를 그만둔 이유. 장단점, 후기(항해사와 마찬가지로 상선을 타는 직업인 선박기관사에 대해 장단점을 충분히 파악하실 필요가 있습니다.)

https://www.youtube.com/watch?v=pFOoaeJnNsl

VTS(선박교통관제사)

대한민국해양경찰: VTS 어떤일을 하는곳 인가요?

https://www.youtube.com/watch?v=N5iJ7fE1hXU

대한민국해양경찰: BTS? 아니죠! 해양경찰 에는 VTS가 있습니다. / 선박교통관제센터 VTS - 직업소개 2편

https://www.youtube.com/watch?v=BI60R6jtOLk

가리봉특파원: 바다 위 안전 지킴이! [선박 교통관제사 류정선]

https://www.youtube.com/watch?v=4OTP_CMHAs4

해양대 진로 관련

앗싸참수리: 사람들이 배타는걸 꺼려하는 이유(상선생활의 모든것 / 군대체복무)

https://www.youtube.com/watch?v=SP81HHoiiVs

한국해양대학교: [해대·터뷰] "내가 해사대학을 선택한 이유" - 해사대학 이혜준

https://www.youtube.com/watch?v=stLZrYRtrm4

황태티비Univ: 무조건 취업되는 국립대학?

https://www.youtube.com/watch?v=ljzXKHOrvP4

VitaminSea(비타민씨): 항해사 개인송출의 모든 것 I 해양대졸업 후 진로? 상선? 외국회사? 현직 항해사가 모든걸 알려드립니다 I Vitaminsea ep.01

https://www.youtube.com/watch?v=-MoEnUgGLeU

샐리의 마린잡 인터뷰: 19편 | 국립 목포해양대학교 재학생 인터뷰 | 과연 학생들이 궁금해하는 해양 직업은? | 교직과정 소개(항해, 기관)

https://www.youtube.com/watch?v=kwsMLbTWBsU

21. 한국폴리텍대학교

진로쌤의 이야기

한국폴리텍대학교는 전문대학입니다. 취업에 있어 신경을 많이 쓰는 학교이고 학비도 저렴하기 때문에 실무기술을 빨리 익혀 취업하고자 하는 학생들은 폴리텍대학교 진학에 관심을 가져보시기 바랍니다(다만 실무기술을 익히는 데 집중하는 곳이다 보니 캠퍼스의 생활을 여유롭게 즐기는 것은 아니라고 합니다). 2년 전 지역의 폴리텍대학에 방문하여 학생들이 수업하는 모습도 보고 시설도 둘러보았습니다. 또 취업에 대해 실질적인 이야기를 들었는데 중견기업 및 대기업 생산파트 관리직으로 많이 진출한다고 합니다. 폴리텍대학교는 전국에 있습니다. 또 폴리텍대학마다 학과들의 특성이 있습니다. 아래 QR코드(나무위키: 한국폴리텍대학)를 방문한다면 폴리텍대학교에 대해 자세히 알 수 있습니다.

학교 소개

- 한국폴리텍 I 대학: 서울 용산구와 강서구, 성남과 제주도에 캠퍼스를 두고 있는 한국폴리텍대학 계열의 전문대학.
- 한국폴리텍 II 대학: 인천 부평과 주안, 화성에 캠퍼스를 두고 있는 한국폴리텍대학 계열의 기능대학.

- 한국폴리텍Ⅲ대학: 강원도 춘천시와 원주시, 강릉시에 캠퍼스를 두고 있는 기능대학.
- 한국폴리텍Ⅳ대학: 대전, 청주, 아산, 홍성, 제천에 소재
- 한국폴리텍Ⅴ대학: 광주, 전남(무안), 전북(김제), 익산, 순천, 남원에 소재
- 한국폴리텍Ⅵ대학: 대구, 구미, 남대구, 포항, 영주에 소재
- 한국폴리텍Ⅶ대학: 창원, 부산, 울산, 동부산, 진주에 소재
- 한국폴리텍특성화대학: 논산(바이오캠퍼스), 대구(섬유패션), 사천(항공), 영천(로봇)에 소재

한국폴리텍대학 입시포털-이라는 사이트에 들어가면 각 폴리텍대학 입시정보(각 지역별 학과 및 이에 따른 홈페이지 연결)를 알 수 있습니다(한국폴리텍대학 입시포털-입시정보-학과정보-2년제학위과정. https://ipsi.kopo.ac.kr/index.do).

입시정보 ∨ 학과정보 ∨

전체 | 2년제학위과정 | 학위전공심화 | 기능장 | 전문기술과정 | 하이테크과정 | 다솜고등학교

학과관련 키워드 검색

학과

과정	계열	학과
하이테크과정	AI·SW 계열	그린반도체설계과
2년제학위과정	반도체 계열	그린반도체시스템과
학위전공심화과정(야간)	ICT융합 계열	

지역: ☑ 전체
☑ 서울/제주 ☑ 인천/경기 ☑ 강원 ☑ 충청 ☑ 전라 ☑ 대구/경북 ☑ 부산/경남

검색

번호	캠퍼스	과정	학과
155	로봇캠퍼스	2년제학위과정	로봇자동화과
154	로봇캠퍼스	2년제학위과정	로봇IT과
153	로봇캠퍼스	2년제학위과정	로봇전자과
152	로봇캠퍼스	2년제학위과정	로봇기계과

이 곳에서 폴리텍입시포털에서 입시결과라고 검색어를 넣으면 공지사항 부분에서 아래와 같이 대학별 수시등급이 나온 곳도 있으니 참고하시기 바랍니다.

전체	메뉴(6)	학과(직종)(0)	과정(산학협력단)(0)
공지사항(184)	뉴스/홍보(0)	교직원(0)	웹문서(4)

공지사항 총 184건

[청주캠퍼스] 2017학년도 다기능기술자과정 입시 분석 결과 알림

안녕하세요. 한국폴리텍대학 청주캠퍼스입니다. 2017학년도 다기능기술자과정 입시분석결과(경쟁률, 등급 등)를 붙임과 같이 공지합니다. 관심 있는 수험생 및 진로 지도선생님의 활용 바랍니다. ※ 본 자료는 전년도 입시 분석 결과 자료로 올해 입시 양상과는 다를 수 있으니, 지원에 참고하시기 바랍니다.

http://www.kopo.ac.kr/cheongju/board.do?menu=6074&mode=view&post=467683&pageIndex=1

[창원캠퍼스] 2018학년도 2년제학위과정 입시결과 공개

2018학년도 2년제학위과정 입시 결과(학생부 등급)를 아래와 같이 공개합니다. 작년 입시 결과(학생부 최저 등급 컷 등)가 2019학년도 입시 합격 여부를 결정하는 절대적 기준이 아님을 알려드리오니 자료는 참고만 해주시기 바랍니다. 수시1차, 수시2차, 정시 전형별로 확인하십시오.

http://www.kopo.ac.kr/changwon/board.do?menu=3403&mode=view&post=501423&pageIndex=1

[창원캠퍼스] 2019학년도 2년제학위과정 입시결과 공개

2019학년도 2년제학위과정 입시 결과(학생부 등급)를 아래와 같이 공개합니다. 작년 입시 결과(학생부 최저 등급 컷 등)가 2020학년도 입시 합격 여부를 결정하는 절대적 기준이 아님을 알려드리오니 자료는 참고만 해주시기 바랍니다. 수시1차, 수시2차, 정시 전형별로 확인하십시오.

http://www.kopo.ac.kr/changwon/board.do?menu=3403&mode=view&post=539203&pageIndex=1

[부산캠퍼스] 2019학년도 입시결과 공개

2019학년도 입시결과를 아래와 같이 공개합니다. * 이 자료는 작년 입시결과이며, 2020학년도 입시 지원에 대한 합격여부를 결정할 수 없음을 알려드리오니 원서작성시 참고 해 주시기 바랍니다.

http://www.kopo.ac.kr/busan/board.do?menu=5622&mode=view&post=545129&pageIndex=1

[창원캠퍼스] 2020학년도 2년제학위과정 입시결과 공개

2020학년도 2년제학위과정 입시경쟁률 및 합격등급을 아래와 같이 공개합니다. 작년 입시 결과가 2021학년도 입시 합격 여부를 결정하는 절대적 기준이 아니므로 참고만 해주시기 바랍니다. 수시1차, 수시2차, 정시 전형별로 확인하십시오.

http://www.kopo.ac.kr/changwon/board.do?menu=3403&mode=view&post=581005&pageIndex=1

네이버 등 일반 포털사이트에서 광주폴리텍 수시등급 이런 식으로 검색어를 넣어도 입시결과를 찾을 수 있습니다. 가장 최근의 것을 보셔야 합니다. 학과에 따라 다르지만 평균등급은 수시1차의 경우 4~7등급 사이로 분포되어 있습니다.

40대에 진주폴리텍 입학한 만학도 '눈길'

[한국농어촌방송/경남=정웅교 기자] 늦은 나이에도 불구하고 7년 동안 근무해온 직장을 퇴직, 안정적인 취업을 위해 한국폴리텍대학 진주캠퍼스에 입학한 학생이 눈길을 끌고 있다. 그 주인공은 박수지 씨로 40세의 나이로 자동화시스템과에 입학해 만학도의 열정을 불태우고 있다.

진주폴리텍에 따르면 박 씨는 공대 안전공학과 졸업 후 pcb기판 제도·부품 재가공 전문회사에서 일하며 성실히 경력을 쌓아왔다. 하지만 7년 동안 16명이었던 팀원은 그녀를 포함해 단 2명으로 줄어들게 됐다. 또한, 교대 근무를 감안하면 필요 인원은 고작 1명이었다. 기존 컨베이어벨트 형식의 반자동화 설비는 대부분 공정에서 사람의 손길이 필요했으나 최근 회사가 완전 자동화 시스템을 도입하며 사실상 모든 업무를 사람이 아닌 기계가 담당하게 됐다.

이에 박 씨는 과감히 직장을 그만두고 자동화 기술을 체계적으로 배울 수 있는 곳을 탐색하던 중 교육과정 안내 현수막을 보고 알게 된 진주폴리텍 자동화시스템과에 입학을 결심했다.

박 씨는 "자동화시스템은 기계적 메커니즘과 전기적 상호작용을 복합적으로 배울 수 있어 너무나 매력적인 분야라고 생각합니다"며 "올여름 생산자동화기능사 시험에 첫 도전을 합니다. 자격증 취득 후, 졸업하기 전까지 설비보전기사 자격증에도 도전할 계획입니다"라고 포부를 밝혔다.

자동화시스템과 장성욱 학과장은 "진주폴리텍에서는 취업 및 재취업을 희망하는 다양한 교육생을 대상으로 국비지원 훈련과정을 진행한다"며 "4차 산업을 선도하는 '자동화 기술'을 배워 취업에 도전하고자 하는 분들의 많은 관심과 지원 바란다"고 말했다.

— **한국농어촌방송, 2020. 7. 22 기사 중에서**

"고용노동부 블로그 글: 장학금 80.4% - 취업률 80.3% 대학이 있다고? 한국폴리텍대학을 소개합니다"에서 폴리텍대학의 장점에 대해 서술하고 있습니다.

22. 한국승강기대학교

진로쌤의 이야기

아들이 5~6세 때 워낙 엘리베이터와 에스컬레이터를 좋아해서 일부러 타기도 했습니다. 농담삼아 '이 녀석 나중에 엘리베이터 회사 취직할래?'라고 말했습니다. 그래서 엘리베이터와 에스컬레이터 회사는 어떤가 하고 찾아보게 되었죠. 그리고 한국에 승강기대학이 있다는 것도 알게 되었습니다.

한국승강기대학교는 2년제 전문대학입니다. 경상남도 거창에 소재하고 있습니다. 승강기(엘리베이터)나 에스컬레이터가 없는 건물은 거의 없기 때문에 설치, 유지, 보수에 관련해서는 전문지식을 쌓을 수 있고 관련 회사로의 취업률도 좋은 편입니다.

한국승강기대학교 소개

- 실무형 전문기술인력을 양성할 수 있는 학습시스템을 지속적으로 연구 개발하여 승강기 관련 기업으로 100% 취업 가능한학습프로그램을 운영하여 승강기전문 인재양성에 주력.

2022 수시 모집 인원 및 학과(홈페이지 참조)

전년도 모집결과는 환산점수로 표시되어 있습니다. 수시등급으로는 나와 있지 않습니다.

내신 4~5등급은 충분히 입학가능한 것으로 알려져 있습니다.

◉ 모집인원

계열	모집학부	모집시기	입학정원	정원내전형					
				일반전형	특별전형				합계
					일반고	특성화고	추천자	대학자체	
공학	승강기공학부	수시1차	263	0	131	45	45	4	225
		수시2차		0	20	5	5	1	31
	미래융합승강기학과	수시1차	34	0	0	0	0	30	30
		수시2차		0	0	0	0	4	4
	합계			0	151	50	50	39	290

계열	모집학부	모집시기	정원외전형							
			전문대학이상 졸업자	농어촌 학생	기초생활 수급자/ 차상위계층	만학도/ 성인재직자	재외국민/ 외국인	순수 외국인	북한이탈 주민	합계
공학	승강기공학부	수시1차	8	10	4	4	4	제한없음	1	31
		수시2차	1	1	1	1	1	제한없음	1	6
	미래융합승강기학과	수시1차	0	0	0	0	0	제한없음	0	0
		수시2차	0	0	0	0	0	제한없음	0	0
	합 계		9	11	5	5	5	제한없음	2	37

승강기대학교 입학 준비하고 있는 학생입니다. 수시 전형으로 넣으려고 하는데 내신 4~5등급이면 충분히 입학이 가능한 지 궁금하며 원서접수 때 필요한 준비물들이 있다면 알려주세요. (2022. 8. 22)

→ 안녕하세요, 한국승강기대학교 재학생입니다 :) 우선, 내신 4~5등급이시면 충분히 입학 가능하십니다. 원서 접수 기한에 전형구분에 따라 필요한 제출서류는 원서접수 시 뜨니까 꼭 확인하여 제출해주시면 됩니다. 혹은 한국승강기대학교 입학처 홈페이지 - 모집요강 - 수시모집 → 모집 E BOOK 을 확인하시면 상세히 뜨니 확인하시면 될 것 같습니다.

제출서류는 제출일로부터 1개월 이내에 발급된 서류로 제출하셔야 하며, 승강기 관련 자격증이 있으시다면 부가점수를 위해 자격증 사본을 제출해주시면 됩니다.

좋은 결과 있으시길 바랍니다 :)

— 네이버지식인 중에서

관련 영상

캐내네: [2022 지역대학을 가다] 한국승강기대학교

https://www.youtube.com/watch?v=tkGYitA0kgU

황태티비Univ: 17개만 가르치는 지방대 대기업에 무조건 합격하는 세계 최초 대학교?

https://www.youtube.com/watch?v=1ZcQZrqgN5Y

jung-ho Ha: 싱가포르 해외취업하기! (승강기, 엘리베이터)

https://www.youtube.com/watch?v=InQxgMxJaDY

퇴근한_연차맨: 승강기회사에 취직해야 하는 이유(승강기기능사 따야 하는 이유)

https://www.youtube.com/watch?v=AY2H1hWeFpw

엘리베이터 수리기사[Man repairing an elevator]: 엘리베이터 유지보수는 어디로 취업이 가능할까?

https://www.youtube.com/watch?v=WiOqbsFiUql

2021 수시특집/한국승강기대학교] '입학이 곧 취업' …세계 유일의 승강기 특성화대학

한국승강기산업 100주년을 맞아 2010년 개교한 세계 유일의 승강기 특성화 정규대학. 바로 한국승강기대학교(총장 이현석)이다. 다른 나라에 기업부설 대학은 있지만, 정부로부터 정규대학으로 인가받은 승강기 특성화 대학은 한국승강기대가 세계에서 유일하다.

2년제로서 한 학년에 297명의 입학정원을 가지고 있으며, 학사학위를 수여하는 학사학위 전공심화과정도 20명 정원으로 운영하고 있어 정원 외 전형 입학생까지 합쳐 총 630명 정도의 학생이 재학 중이다. 승강기산업의 현황을 보면 2020년 6월 30일 기준 73만4665대가 운행 중이고, 한 해 약 4만5000대 정도 설치되고 있어 그 규모가 날로 커지고 있는 추세다. 이에 따라 승강기 분야 전반의 인력수요 역시 매년 증가하고 있다.(하략)

— 한국대학신문, 2020. 9. 23. 기사 중에서

23. 연암공과대학교

진로쌤의 이야기

진로실로 연암공과대학 진로체험 공문이 왔습니다. 낯선 대학이었는데 대기업에서 세운 곳이라하여 관심 갖고 정보를 찾아보았습니다. 맞습니다. 연암공과대학은 LG에서 세운 전문대학입니다. 대기업 생산직으로 취업이 잘되고 있는 곳입니다. 작지만 강한 대학으로 표현할 수 있습니다. 졸업생들은 대부분 LG산하 계열로 취업이 잘되지만 다른 대기업으로도 취업이 잘 된다고 합니다. 현장실무형 인재가 되고 싶은 분들은 이 대학에 주목하시기 바랍니다. 두말할 필요 없는 취업의 산실입니다.

대학홈페이지에 교육목표는 '근면 성실하고 유능한 중견기술인을 양성한다'로 나와 있습니다. 입학처 홈페이지에는 나온 전년도 입시결과를 살펴보겠습니다. 일반고는 평균 5등급대입니다. 80%컷이 6등급까지로 공지되어 있습니다.

연암공과대학 소개

연암공과대학 홈페이지(https://www.yc.ac.kr/yonam/web/main/mainPage.do)를 살펴보겠습니다

2023학년도 수시1차 입시결과

정원내 정원외

학과	세부전형	지원현황			최종합격자			
					내신등급			최종 후보 번호
		모집인원	지원자수	경쟁률	평균	상위80%	최저점	
전기전자공학과	일반고	85	363	4.27	5.65	6.55	8.05	191
	특성화고	37	242	6.54	3.14	3.52	4.17	55
	특기자(외국어우수자)	2	9	4.50	3.90	-	4.62	1
	고른기회(국가보훈대상자)	1	4	4.00	4.22	5.19	5.19	3
기계공학과	일반고	66	200	3.03	5.88	6.71	7.90	62
	특성화고	42	217	5.17	3.37	3.85	4.82	40
	추천자(경남지역혁신MTC수료자)	20	10	0.50	5.88	7.08	7.64	-
	고른기회(국가보훈대상자)	1	3	3.00	-	-	-	-
스마트소프트웨어학과	일반고	35	128	3.66	5.52	6.21	6.51	31
	특성화고	10	41	4.10	3.18	3.82	4.10	10
	추천자(학교장추천자)	5	1	0.20	-	-	-	-
	특기자(SW특기자)	10	15	1.50	4.75	5.61	6.00	5
스마트기계공학과	일반고	26	69	2.65	5.72	6.92	7.67	47
	특성화고	4	36	9.00	2.67	3.20	3.20	4
	추천자(학교장추천자)	5	4	0.80	7.04	8.15	8.15	-
스마트전기전자공학과	일반고	53	219	4.13	5.52	6.16	7.36	118
	특성화고	7	90	12.86	2.83	3.65	3.65	32
계		409	1,651	4.04				

전기전자공학과 홈페이지 취업현황입니다. 2022년 2월 및 8월 졸업자 현황입니다(자세한 것은 왼쪽 QR을 참고하세요).

- 취업대상자: 146명
- 취업자: 115명

- 대기업, 공기업: 94명 - LG디스플레이, LG유플러스, LG이노텍, LG전자, LG화학, 하이엠솔루텍, 팜한농, SK하이닉스, 삼성전자, LIG넥스원, L앰코테크놀로지코리아, 포스코, 현대오일뱅크, GS EPS, LG유플러스, 롯데엠시시 등
- 중견기업, 중소기업: 21명 - 앰코테크놀로지코리아, 풍산, 동서식품, 해성디에스, 온세미컨덕터, 고영테크놀로지, 지에스이, 아스트, 한국전력공사, 아비만엔지니어리으미스터마인드, 디엔엠항공 등

관련 영상

연암공과대학교: KNN '2022 지역대학을 가다' 연암공대편

https://www.youtube.com/watch?v=2xCXnvxPLSs

연암공과대학교: 연암공과대학교 LG 데이! 소문듣고 왔습니데이~ || 2022 LG 계열사 취업박람회

https://www.youtube.com/watch?v=OGC7LOBgU8M

연암공과대학교: 연암공대 기숙사를 소개합니다~!(당연히! 여학생도 있습니다. 공과대학이라 남학생 비율이 높긴 하겠지만 여학생도 다닙니다.)

https://www.youtube.com/watch?v=VdmVnRNfqbE

24. 기타: 생산직 취업

진로쌤의 이야기

『고졸학력이 무기가 될 때』(한고졸, 이담)라는 책을 접하고 나서 일반계고등학교 졸업 후 진로에 대해 다시 한번 여러 가지 생각을 하게 되었습니다. 흔히 기업 생산직은 특성화고 졸업생들의 전유물이라고 생각했지만, 일반계고등학교 졸업생 중에서도 어떤 준비들을 한다면 중견기업 이상의 생산직 취업에 가능하다는 것을 알게 되었습니다.

사실 저희 어머님도 중견기업 생산직에 오래 근무하셨습니다. 아버지의 일이 부침이 있어 경제상황 어려웠지만, 자식 두 명을 대학까지 뒷바라지하셨습니다(물론 여유롭지 않았고 학원은 다니기 힘들었고 수업료 걱정을 한 적도 많았지만 그럼에도 불구하고 밥은 안 굶고 일반계고등학교 졸업 후 대학을 진학했다는 것만으로도 대단한 일이지요).

생산직에 대한 여러 가지 편견이 존재하고 있습니다. 그러나 기성세대에 비해 직업가치관의 우선순위가 변해가고 있고 생산직에 대한 편견없이 도전하는 사람들도 많이 있습니다. 이 책은 그들을 위한 정보 창구로서 좋은 역할을 합니다.

연봉1억 '킹산직' 현대차 생산직 서류 합격자 스펙은?

독취사가 조사한 '킹산직' 서류 합격자 중 약 20명이 전기기능사를 소지하고 있다. 합격자 명단에 오른 이들은 이 외에도 생산자동화산업기사, 컴퓨터응용가공산업기사, 컴퓨터응용선반기능사, 산업안전산업기사, 전자기기기능사, 기계정비산업기사, 승강기기능사 등 각종 관련 자격증을 갖고 있는 것으로 나타났다. 초대졸 합격자 중 자격증 없이 '생산직 경력 6년'이라는 스펙으로 합격한 33세 남성도 있다.

100명의 서류 합격자를 통틀어 가장 나이가 많은 42세 남성은 4.11의 높은 학점과 함께 자동차정비기사, 정비산업 기사, 정비기능사, 자체 수리, 보수도장 기능사 등을 보유했다. 그는 HD현대 건설기계 부문인 현대인프라코어 재직 경력도 있다.

합격 여성 5명의 학력은 △고졸 3명 △초대졸 1명 △대졸 1명으로, 모두 관련 자격증을 소지하고 있다.

— 세계일보, 2023. 3. 31. 기사 중에서

현대자동차에서 근 10여년 만에 생산직 공채를 선발해서 화제가 되었습니다. 중견기업 이상 대기업 생산직의 경우 연봉이 높고 정년이 보장되기 때문에 많은 분이 관심을 가졌습니다. 『고졸학력이 무기가 될 때』를 읽어보면 생산직 분야 워라벨이 좋고(중견기업급 이상) 근무하는 분들이 맡은 업무에 대해 자부심과 전문성을 갖고 임하시는 걸 알 수 있었습니다. 부모님들이 그 이전 세대가 생각했던 공장 생산직의 이미지는 확실히 아니며 유튜브나 지식인 등을 살펴보면 대학 졸업 이후에도 생산직 분야에 취업하고 싶은 젊은이들이 생각보다 많습니다(실제로 진로 수업시간에 이 분야에 대해 잠깐 이야기해주었을 때 관심을 갖고 질의를 하러 온 학생들이 몇 명 있었고 부모님 중에서도 직접 전화하시어 이 분야 취업과 진로 정보를 수집하는 분들도 있었습니다).

생산직에 대하여 더 알고 싶다면?

람스TV: 대기업 생산직 취업 필요 조건 7분으로 총정리

https://www.youtube.com/watch?v=0kC__Xz5aio

돌아온붕어형 TV: (※시청자질문) 대기업 중견기업 생산직에 꼭 가야하는 이유가 있나요?

https://www.youtube.com/watch?v=qTOutPT7Y_o

벌자벌어: 중견기업 고졸생산직 연봉공개

https://www.youtube.com/watch?v=PQusm8h8jkM

따봉이의 취업일기: 대기업, 중견 회사 생산직 연봉 리스트 1탄! (2023년 기준) 총 55개 회사 모음!

https://www.youtube.com/watch?v=6uCFPrwvrug

공돌이간다TV: 고졸로 대기업 입사 하는 방법!! (feat:진로, 진학 선택)

https://www.youtube.com/watch?v=Fb8JspuMuZc

뷰리플 Cureshield: [직장인 모먼트] 중소기업 공장 생산직은 누구나 공감할 순간 (생산부/생산직 브이로그/생산공장/남동공단)

https://www.youtube.com/watch?v=PGdZTaxtGMo

뷰리플 Cureshield: 생산부 | 출근에서 퇴근까지 | 화장품 회사 [직장인의 삶 ep.01]

https://www.youtube.com/watch?v=0RTG3GfgvPI

특성화고1타승구쌤: 월급 많이 받으려면 대학 가세요. (특성화고 고졸취업, 고졸급여의 현실) #특성화고

https://www.youtube.com/watch?v=7-I9S8Of7yE

아자아자, 화이팅!

책을 쓰고 나니 이런 내용을 더 실었어야 했나 여러 아쉬움이 남지만 이 책을 읽을 정도의 자기주도력이 있는 학생이라면 이 정보에서 가지치기를 하면서 여러 다른 학과나 직업에 대한 정보도 찾을 수 있을 것이라 생각합니다. 몇 가지 당부의 말씀을 드립니다.

1. 혹시 이 책을 학부모님이 읽고 계신다면 자녀가 진학할 학교가 혹시 소위 말하는 명문대학이 아니더라도 절대 나쁜 말씀을 하지 마시기 바랍니다. 좀 더 솔직하게 말씀드리자면 부모님 중에 '그런 대학 가서 뭐할래?', 'X통 대학', '지잡대' 이런 식으로 자녀의 희망을 꺾는 분들이 계십니다. 사람이 하는 말에 혼과 영이 담겨 있고 가치관이 담겨 있습니다. 주변에 그 대학 나와 전문가로 활동하면서 일가를 이루고 건전하고 훌륭한 시민으로 살아가시는 분들이 많습니다. 지금 시대는 기성세대가 살아온 시대와 다릅니다. 정보와 지식은 검색 몇 번이면 알아낼 수 있고 네이버 파파고 번역기 앱만 있으면 해외 여행에도

무리가 없는 세상입니다. 심지어 전문 원서 번역도 순식간에 번역기 앱이 거의 정확하게 해내는 세상입니다. 다량의 지식을 암기했다는 것이 성공과 행복의 척도가 아닌 시대입니다. **우리 자녀들이 계급서열 구조에 동참하면서 사람 서열을 나누는 비뚤어진 인성을 가진 시민으로 자라기를 바라진 않으실 겁니다. 지금부터라도 사고를 전환하시기를 간곡히 부탁드립니다.** 학생들도 명심해주세요(다만 원서를 쓸 때 정부재정지원제한 대학이나 학자금대출 제한 대학 혹은 재정부실 대학은 피하고 쓰면 됩니다. 재무건전성 있고 비리가 있는 곳이 아니면 됩니다. 자녀가 고등학교를 졸업하고 성인이 되는 관문에서 선택한 곳에서 최선을 다할 수 있게 격려해주시기 바랍니다).

2. 1, 2학년 재학생들! 내신성적을 올리는 것도 중요합니다만 현재 수시 입시 구조상(2023년) 학년이 올라갈수록 내신등급을 획기적으로 올리는 것은 많이 힘듭니다. **자신이 좋아하는 과목은 더 열심히 하고, 부족한 과목은 보완한다는 기분으로 공부하기 바랍니다.** 다만 본인의 진로와 관련한 과목들 학습에는 열정을 쏟았으면 합니다. 주어진 내신성적 안에서 본인의 성향에 맞고 가치관을 실현할 수 있는 학과와 직업을 찾기 바랍니다. 만약 진학 희망 대학이 수시성적으로 갈 수 없는 곳이라 정시에 도전하여 재수, 삼수를 하더라도 인생에 중요한 것이 무엇인지 생각하면서 공부하기 바랍니다. 간판 이름에 중독되어 귀중한 시간을 낭비하지 않기를 바랍니다.

3. **진로설계는 고정적일 수 없습니다.** 이거다! 확고하게 생각하고 대학에 진학한 학생들조차도 더 넓은 세상에서 많은 사람을 만나고 다양한 정보를 접

한 뒤 진로를 바꾸는 경우들을 많이 봤습니다. 바뀌게 되었다면 거기서부터 다시 생각하고 선택하면 됩니다. 대학에 가면 편입(시험을 통해 다른 대학으로 적을 옮기는 것), 전과(전공을 바꾸는 것), 복수전공(입학한 전공 이외의 것을 배워서 학위를 취득하는 것) 등 다양한 기회가 있습니다. 많은 사람이 고민하고 불안해하는 이유는 이 진로를 선택하고 나서 실패하면 어떡하지, 라는 생각 때문입니다. 그런데 저는 이렇게 생각합니다. "실패란 없다." 지금 한국사회에서 실패라고 한다면 불의의 사고로 생이 끝나는 것 이외에 무엇이 있겠는가, 조심스럽게 이야기합니다. 불의의 사고라는 것은 우리의 의지로 어쩔 수 없는 부분이고 살겠다는 의지만 있다면 굶어죽는 경우는 없다고 생각합니다. 진로설계를 포함한 인생에 있어 가장 필요한 태도는 바로 유연성과 자신감, 능동성입니다.

4. **학교내의 담임선생님, 진로상담선생님과 적극 상담하세요**. 특히 진로선생님들은 전국단위의 모임에서 대학 진학을 넘어 더 큰 진로 문제에 대해 정보를 주고 받으며 학생들을 위해 최선을 다해 공부하고 상담하고 계십니다. 더 상담이 필요하다면 '커리어넷-진로상담-상담신청' 메뉴를 활용해도 됩니다. 현직 진로선생님들이 질문에 답변을 달아주십니다.

5. **학교 안 혹은 학교 밖에서 하는 여러 가지 진로체험 활동에 적극 참여하세요.** 아무것도 하지 않으면서 진로 정보가 그대로 굴러들어오지 않습니다. 시간을 조금 더 투자하여 특강도 듣고 체험에도 참여하세요. 이 태도는 대학 가서도 마찬가지입니다. 대학에서도 학생들 졸업 후 진로(특히 취업)를 위해 여

러 가지 특강, 체험, 연수 등을 제공합니다. 고등학교 때 자기주도적으로 진로를 탐색한 학생들은 대학교에 가서도 자기주도적으로 살아갑니다. 내신 등급 결과, 이것보다 더 중요한 것은 여러분의 능동적인 태도입니다.

6. 대부분의 교육청에서 공동교육과정 혹은 협력교육과정을 운영하고 있습니다. 등급이 나오지 않고 자신이 원하는 분야의 과목을 들을 수 있습니다(평일 오후 혹은 토요일 오전 등). **진로를 탐색한다는 의미에서 학교에서 개설되지 않은 과목을 선택해서 한 번 들어보세요. 꾸준히 한학기동안 자신의 진로에 맞춰 스스로 선택한 과목을 수강했다는 만족감은 하나의 성공경험으로 자리잡습니다.** 생기부에 기록이 되지만 등급이 나오지 않으니 한 번 도전해보세요. 우선 당장은 진로 탐색에 도움을 주기도 하구요.

7. **'커리어넷 원격진로멘토링'**이라는 사이트가 있습니다(mentoring.career.go.kr). '멘토링 영상' 메뉴에서 '수업 다시보기' 혹은 '멘토 영상'을 보면 현직 직업인들의 특강 및 생생한 직업에 대한 정보를 얻을 수 있습니다. 저는 학교에서 이 멘토링을 통해 실시간 원격특강을 여러 차례 진행한 경험이 있습니다. 질 좋은 현직 직업인들의 정보를 들을 수 있습니다.

8. 여기 나온 입시성적은 2022년도 신입생 기준입니다. 해가 갈수록 성적이 조금씩 달라지니 항상 최신의 성적을 찾아보시고 이 책으로는 학과와 직업의 종류 및 전망을 탐색하면서 진로설계를 하기 바랍니다.

9. 더불어 이 책에 소개가 되지 않았으나 전도유망한 학과와 대학이 있습니다. 만약 찾게 되었다면 이 책에 나온 것처럼 학과와 학교 홈페이지를 들어가 보고 커리어넷, 워크넷, 대학어디가 사이트 등을 통해 정보를 찾으면 됩니다. 또 유튜브에 현재 전공자들이나 졸업자, 현직 직업인들이 많은 정보를 올려놓았습니다. 장·단점을 잘 살펴보면 도움이 될 겁니다.

이 책을 쓴 목적은 **중하위권 학생들에게 진로진학 정보를 주고자 함도 있지만 다양한 직업의 세계가 있으며 반드시 고등학교 내신성적과 수능성적 상위권만이 전문가로 인정받을 수 있는 것은 아니라는 걸 알리고 싶어서였습니다. 기죽지 말고 뜻을 품고 전진하길 빕니다.**